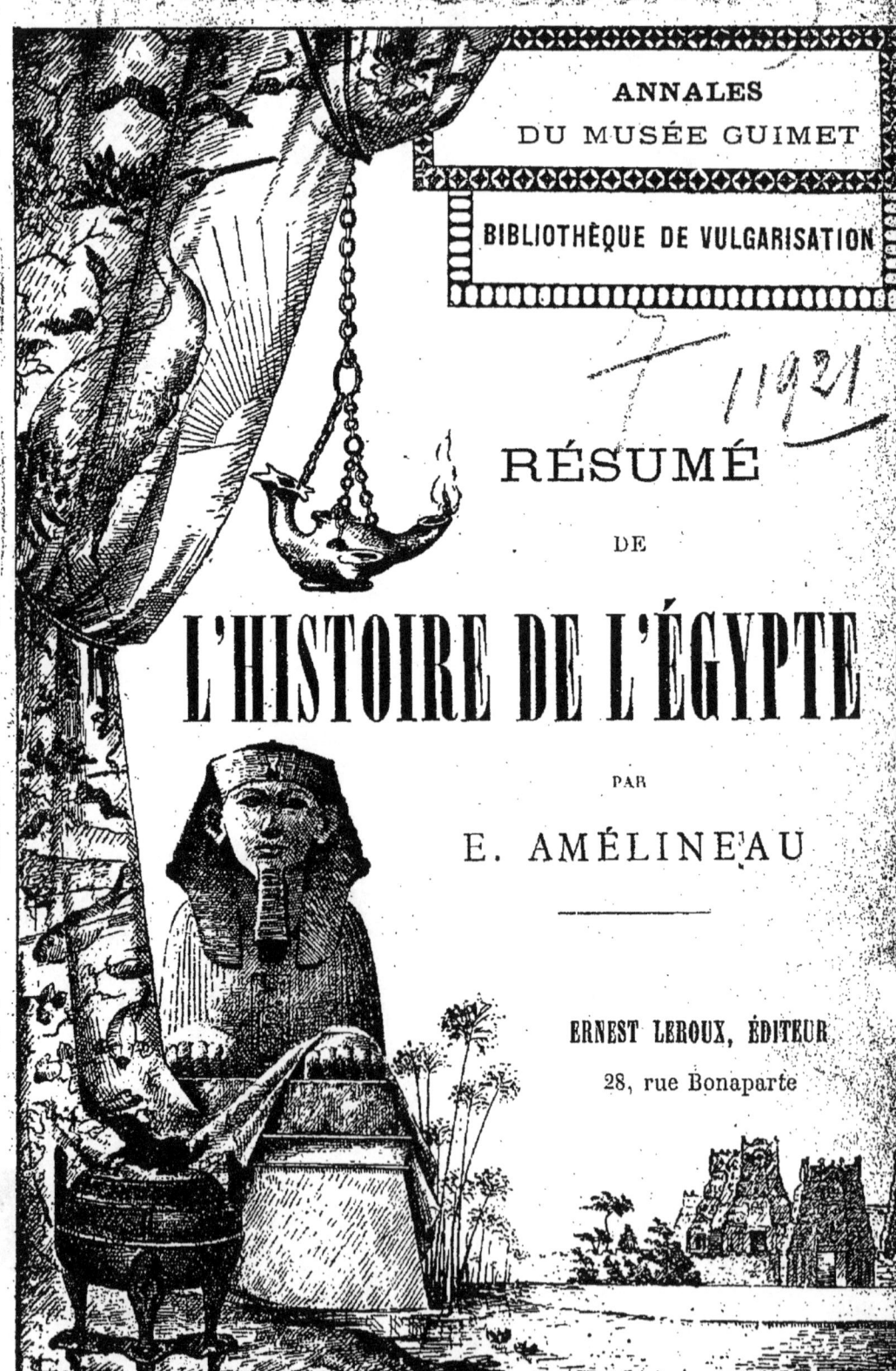

ANNALES DU MUSÉE GUIMET

BIBLIOTHÈQUE DE VULGARISATION

RÉSUMÉ DE L'HISTOIRE DE L'ÉGYPTE

PAR E. AMÉLINEAU

ERNEST LEROUX, ÉDITEUR
28, rue Bonaparte

ANNALES DU MUSÉE GUIMET

Bibliothèque de vulgarisation

RÉSUMÉ

DE

L'HISTOIRE DE L'ÉGYPTE

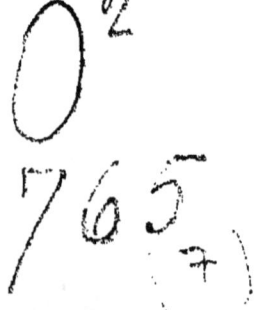

BAUGÉ (MAINE-ET-LOIRE) — IMPRIMERIE DALOUX

E. AMÉLINEAU

RÉSUMÉ

DE

L'HISTOIRE DE L'ÉGYPTE

DEPUIS LES TEMPS LES PLUS RECULÉS

JUSQU'A NOS JOURS

PRÉCÉDÉ D'UNE ÉTUDE

SUR

LES MOEURS, LES IDÉES, LES SCIENCES, LES ARTS

ET L'ADMINISTRATION

DANS L'ANCIENNE ÉGYPTE

PARIS

ERNEST LEROUX, ÉDITEUR

28, RUE BONARPARTE, 28

1894

Quoique ce petit ouvrage n'ait aucune autre prétention que de mettre les faits certains auxquels la science est arrivée dans ce siècle à la portée des voyageurs qui visiteront l'Egypte ou des lecteurs que captivera la renommée de la vallée du Nil et de son histoire, je ne puis me dispenser, avant d'aborder le résumé chronologique des évènements qui se sont déroulés dans l'empire des Pharaons, de donner un aperçu général des races qui ont habité ou habitent le pays, des religions qui s'y sont succédées, des mœurs et coutumes qui subsistent toujours, et des arts que cultivaient les Egyptiens. Sans doute je ne peux guère indiquer ici qu'une minime partie des réflexions auxquelles donnerait lieu l'examen détaillé des diverses questions que je viens d'énumérer; mais je tâcherai que le peu qui en sera dit soit substantiel et intéresse la classe de lecteurs auxquels ce livre s'adresse.

MŒURS ET COUTUMES DES ÉGYPTIENS

I

Races de l'Egypte, langues.

Quand, à la première dynastie, s'ouvre pour nous son histoire, l'Egypte était depuis longtemps peuplée, depuis des milliers et des milliers d'années peut-être. De savoir quelle était la race qui l'occupait à cette époque antérieure à toute histoire, c'est ce qui est impossible à l'heure actuelle ; quoi qu'il en soit, survint une autre race qui conquit la prédominance sur la première et la garda définitivement pendant toute la durée de l'empire égyptien. L'illustre Mariette pensait avoir retrouvé cette première race dans les peintures qui décorent certaines tombes à Saqqarah, où l'on voit une race d'hommes servir une autre race qui est celle des possesseurs de tombeaux. Celle-ci est très souvent représentée, elle existe encore dans la vallée du Nil, tout comme dans les musées de l'Europe : elle avait la tête forte, le front carré, le nez court et un peu rond, les yeux grands et bien ouverts, les joues arrondies, la bouche bien fendue et un peu longue, les lèvres épaisses ; les épaules étaient larges, la poitrine saillante ; le bras nerveux se terminait par une main assez fine aux longs doigts effilés. Les hanches étaient peu développées et la jambe nerveuse, un peu sèche. Le genou, avec sa rotule, était fortement accusé, ainsi que les muscles du mollet ; les pieds étaient un peu aplatis à leur extrémité, longs et minces, comme chez tous les peuples qui ont l'habitude de la marche pieds-nus. L'aspect général est celui d'une force maîtresse d'elle-même, quelquefois alliée à une grande douceur mélangée de tristesse. L'Egyptien en général était grand et élancé.

Dès cette lointaine époque, c'est-à-dire environ 4000 ans avant Jésus-Christ, l'Egypte connaissait ces tribus de nains que l'expédition de Stanley vient de retrouver dans l'intérieur de l'Afrique et de remettre à la mode. Les Egyptiens d'alors, pas plus que les Européens de nos jours, n'ignoraient que le centre de l'Afrique était peuplé ; ils envoyaient des expéditions dans la Haute Nubie et c'est là que sous la vi[e] dynastie on trouva l'un de ces nains qui savaient danser la *danse du Dieu* et qu'on l'amena au Pharaon alors régnant. On avait déjà remarqué la présence de ces nains parmi les personnages représentés dans les scènes funéraires et l'on avait expliqué leur présence par les tortures infligées aux enfants afin d'arriver à les faire rester petits et à leur donner un aspect monstrueux ; c'est sans doute là une de ces explications qu'il faut reléguer dans le domaine des hypothèses fausses, et il est bien plus vraisemblable de croire que les tribus de nains qui sont au centre de l'Afrique fournissaient ces sujets qui ont toujours été fort recherchés par les seigneurs Egyptiens.

Vers la xiie dynastie, une autre race se montre qu'on n'a pas encore pu étudier d'assez près : elle se rapproche du type asiatique. Avec les Hiqsos ou *Pasteurs*, une race différente apparaît, sans doute mongolique, avec le nez épaté, les lèvres lippues, les pommettes saillantes : on trouve encore des types authentiques de cette race chez les riverains du lac Menzaleh. A la xviiie dynastie, on ne peut s'empêcher de voir que la race indigène présente les caractères spéciaux aux races sémitiques : les portraits des rois nous montrent qu'il y avait eu mélange et nous savons d'une manière certaine par les monuments que les mariages avec les princesses syriennes étaient fréquents, et que fréquentes aussi étaient les alliances secondaires avec les femmes éthiopiennes ou nubiennes : de là un changement assez marqué dans la race métissée en quelque sorte qui s'en forma, soit dans le teint, soit dans la couleur, soit dans les attributs secondaires ou même distinctifs. A partir de cette époque jusqu'à la fin de l'empire égyptien, on ne constate pas d'autres grands changements : les rois conservent leur délicate beauté presque féminine ; les femmes sont en général d'une beauté remarquable de formes, même de visage, et certaines d'entre elles réalisent un type magnifique, s'il faut en croire les peintures égyptiennes.

A côté de ces races indigènes, on trouvait en Egypte, dès les plus anciennes époques, des représentants de tous les peuples sur lesquels les Pharaons avaient opéré des conquêtes, c'est-à-dire des captifs que la fantaisie du conquérant avait transportés dans la vallée du Nil. Ces captifs étaient non-seulement des Syriens, des Hittites ou autres peuples de la Syrie, de la Palestine, de la Phénicie ou de l'Asie Mineure, mais des Libyens, des Ethiopiens, des individus appartenant aux tribus nomades qui, à l'Orient comme à l'Occident, étaient toujours prêtes à envahir l'Egypte. Vers la xixᵉ dynastie et sous les dynasties suivantes, on voit apparaître parmi les captifs des personnages qui semblent être les représentants des tribus pélasgiques, sicules, étrusques, etc., qui envahissent l'Egypte par le nord, comme d'autres qui appartenaient aux tribus libyennes.

Sous les dernières dynasties, on voit s'établir en Egypte les mercenaires grecs, qui ont de la peine d'abord à s'acclimater dans la vallée du Nil, mais qui s'y sont ensuite si bien implantés qu'on les trouve encore aujourd'hui dans presque tous les villages égyptiens, où ils servent de trait d'union entre la civilisation orientale de l'Egypte et la civilisation occidentale de l'Europe.

Un peu plus tard, les Juifs s'implantent aussi en Egypte et s'attachent à la vallée du Nil avec la ténacité qui est le propre de leur nation. Depuis fort longtemps l'élément sémitique s'était introduit dans l'empire égyptien par les tribus pillardes qui résidaient sans cesse sur la frontière orientale de l'Egypte; mais les Juifs, qui avaient commencé à former un peuple dans la vallée du Nil, doivent être comptés séparément dans cette énumération des races qui ont peuplé cette vallée, à cause du soin qu'ils ont mis à se séparer des autres nations sémitiques.

Les Perses ne semblent pas avoir laissé derrière eux des traces bien sensibles de leur passage en Egypte au point de vue de la population. De même, les Romains, qui vinrent après les Grecs, ne s'y sont pas établis à demeure et n'ont exercé aucune influence sur la race considérée ethniquement. Cependant, dès l'époque romaine, et surtout à l'époque gréco-byzantine, il y eut dans la population égyptienne une altération assez sensible par suite de l'affluence de l'élément étranger arrivant de tous côtés dans un pays qui, semble-t-il, était fait pour donner en raccourci une idée de toutes les races qui couvraient alors le monde connu.

L'invasion arabe vint au septième siècle de notre ère apporter un élément beaucoup plus considérable pour l'altération de la race égyptienne ; mais ce ne fut guère qu'un élément apparent, les nouveaux venus sur la terre d'Egypte n'ayant pas beaucoup contracté d'alliances avec les anciens maîtres du pays, se considérant comme de beaucoup supérieurs. La différence des religions était trop grande et les préceptes du Prophète trop précis pour permettre ces sortes de mariages mixtes, sans compter que les Chrétiens avaient une égale horreur des Musulmans. Même quand presque toute l'Egypte, par suite des tracasseries, des mauvais traitements et des persécutions ouvertes dirigées contre les adhérents au Christianisme, fut devenue musulmane, les deux races restèrent encore distinctes, les Arabes ayant toujours conscience de leur supériorité. Ils préférèrent s'allier à d'autres races, comme les Circassiens, les Syriens, les Arméniens, et en général tous les peuples chez lesquels ils s'approvisionnaient d'esclaves et aussi de femmes. A mesure que les siècles s'écoulèrent, que les dynasties musulmanes se succédèrent et s'arrachèrent l'Egypte les unes aux autres, les Mamelouks, gens peu respectueux, et la suite qu'ils traînaient après eux, purent sans doute avoir un caprice pour quelque femme de race égyptienne ; mais ils ne l'épousèrent jamais, pour les deux raisons que je viens de dire. S'il y eut quelque mélange de race, ce fut au fond de la population, parmi les fellahs ou les gens de la plus basse extraction : il est vrai que c'est d'ordinaire par là que se font insensiblement les changements, mais le cas ne fut pas assez général pour influer sérieusement sur le type de la race. De même les tribus d'Arabes nomades qui se fixèrent en Egypte pour pouvoir la piller consciencieusement et ne pas laisser ce soin à d'autres, ne se mélangèrent point à la race autochthone. Il en fut de même des Turcs qui conquirent aussi l'Egypte à leur tour : s'il y eut mélange des deux races, ce fut dans les mêmes conditions que je viens d'indiquer et ce ne fut pas assez pour vicier le type primitif d'une manière sensible. Il en faut dire autant des Européens qui s'établirent en Egypte à toutes les époques depuis les croisades : s'ils ont allié leur sang au sang égyptien, ce fut dans une infime proportion. Cependant, il y a certains villages dans la Haute-Egypte où j'ai vu moi-même de mes propres yeux des figures à type bien européen : le fait m'a été expliqué, lorsque j'ai su que des Européens s'étaient successivement établis depuis plus de trois siècles dans ces mêmes villages.

Il résulte de ces considérations abrégées que, malgré la présence successive ou simultanée de tant de races sur le sol égyptien, la vraie race égyptienne s'est conservée mieux qu'on ne le croit d'ordinaire : les croisements les plus fréquents ont eu lieu entre individus de race égyptienne et individus de race nègre, les Pharaons eux-mêmes n'ayant éprouvé aucune répugnance à épouser des négresses, et entre les membres des hautes familles égyptiennes et ceux des hautes familles syriennes, sémitiques ou autres qui ont été maîtresses à un moment donné de la Syrie, de l'Asie Mineure et des pays environnants. Mais ce dernier cas fut relativement assez rare, et l'histoire qui signale la seule Cléopâtre faisant successivement la passion de deux illustres romains, Jules César et Marc-Antoine, n'a pas enregistré d'autres faits semblables. Cléopâtre, quoique descendante des Ptolémées, a bien le type des femmes égyptiennes ; cela se comprend aisément quand on sait que les Pharaons des dynasties nouvelles qui s'établissaient sur l'Egypte avaient toujours soin d'épouser quelque femme appartenant à la famille pharaonique détrônée, pour pouvoir justifier d'une sorte de légitimité. Quant aux hommes, les races pharaoniques ne pouvaient pas laisser de représentants bien en vue, parce qu'on les supprimait afin de n'en avoir rien à craindre.

Aussi rien n'est-il moins conforme à la réalité que de parler de la population égyptienne actuelle comme d'une race sémitique et de la désigner sous le nom d'Arabes : l'Egypte est toujours peuplée par la race égyptienne. Les représentants de cette race ne sont pas seulement les Coptes demeurés fidèles à la religion de leurs ancêtres, ou les fellahs qui, comme on l'a dit, sont les Egyptiens devenus musulmans ; il y faut encore ajouter le très grand nombre, la plus grande partie de la population égyptienne, qui a préféré embrasser l'islamisme. Le fellah (on désigne ainsi les travailleurs des campagnes) est peut-être le représentant de la race primitive, mais certainement de la race qui exerça le pouvoir sur la vallée du Nil sous l'Ancien Empire ; le Copte, du moins dans certaines parties de la Haute Egypte où les occasions de croisement ont été moins fréquentes, représente plutôt la race qui domina sous la xviiie et la xixe dynastie. Je me rappelle toujours que, voyageant un jour dans le train qui va du Caire à Siout, je fus extraordinairement frappé en voyant entrer dans le wagon où je me trouvais un contrôleur de chemin de fer ; il avait le teint un peu olivâtre, il était élancé, il avait les yeux grands et bien ouverts comme ceux des anciens Egyptiens, les mains étaient fines comme celles d'une femme et les doigts effilés : il avait autour de sa coiffure un châle qui retombait sur ses épaules à la manière des coiffures égyptiennes et, quand je le vis, je crus voir Séti Ier en personne entrer dans mon compartiment : ce n'était point Séti Ier, mais c'était un Copte de Siout qui faisait son service. De même on ne peut se promener longtemps dans les rues du Caire sans être frappé de la ressemblance qui existe entre le fellah qui mène du *bersim* dans les rues et certaines statues du musée de Gizeh ou du musée du Louvre, ou certains personnages représentés dans les peintures, remplissant exactement le même office que le pauvre fellah remplit aujourd'hui. Cette même ressemblance existe aussi entre les fellahas et la statue de femme trouvée par Mariette à Meïdoum. Ce sont là des faits qui démontrent avec évidence la persistance de cette race et les Egyptiens ont coutume de citer un fait qui montre, selon eux, la puissance du sang fellah ; si un fellah vient à épouser une négresse, ou si un nègre épouse une fellaha, le premier enfant tient de son père et de sa mère la couleur chocolat si connue, le second n'en a presque plus de traces, le troisième est blanc comme le père ou la mère. C'est sans doute là un de ces faits que l'expérience ne confirmerait point ; mais il sert à montrer que les Egyptiens sont persuadés eux-mêmes de la générosité du sang qui coule dans les veines du fellah.

La question des races étant ainsi vidée, autant qu'il est possible de le faire en quelques mots, je dois passer à la langue parlée en Egypte, ou pour mieux dire aux langues qui furent successivement parlées en ce pays dans la suite des siècles. Cette langue a été la même jusque vers le dixième siècle de notre ère ; à cette époque elle a commencé peu à peu de s'éteindre devant la prédominance de l'arabe et aujourd'hui elle n'est plus guère comprise, même des Coptes, qui ont cessé de la parler au siècle dernier [1]. Je suis bien loin de vouloir dire que, pendant cette si longue suite de siècles, la langue égyptienne n'ait subi aucun changement ; quand on voit la facilité avec laquelle s'opèrent actuellement les mutations dans les idiomes parlés, affirmer le contraire serait vouloir faire croire à un miracle, quoiqu'à dire vrai nous ayons plus de raison que les Egyptiens d'opérer ces changements qui peu à peu transforment une langue. La langue que parlaient les Egyptiens 6000 ans avant Jésus-Christ ne ressemblait guère à celle que ces mêmes Egyptiens parlaient à l'époque de l'invasion arabe, et cependant c'est bien la même langue ; mais c'est une langue qui s'est développée suivant des règles qui ont de même présidé à l'évolution des autres langues. Le peuple égyptien était un peuple avant tout matériel et matérialiste, au sens propre de ce mot ; sa langue exprime des idées matérielles, même quand les mots passent au sens figuré : les sens éloignés de la matière par purification

---

1. Je dois dire cependant qu'au cours des voyages que j'ai eu occasion de faire dans les couvents coptes, j'ai rencontré au couvent de Moharraq, près de Manfalout, un moine qui me semblait assez au courant de la langue copte, qui la comprenait certainement et qui la parlait même un peu. Il est vrai que ce couvent est le plus riche de l'Egypte, celui où les moines ont encore conservé le goût de leurs livres.

successive de nos idées sont presque totalement ignorés de la langue égyptienne, même quand ils parlent de la divinité. Il est facile de le comprendre, car les Egyptiens devaient avant tout signifier par des mots les choses qu'ils avaient devant eux, les actions qu'ils accomplissaient tous les jours, et ces choses, ces actions étaient tout d'abord des choses et des actions matérielles. C'est pourquoi la signification première des mots égyptiens était une signification purement physique, et cette signification a été conservée le plus souvent jusque dans la dernière transformation de la langue.

Cette langue roule sur trois sortes de mots ; le nom, le verbe et la préposition qui vient elle-même d'un nom primitif ; mais dès l'époque la plus ancienne on la trouve employée. Moyennant certaines particules on arrive à faire de ces trois sortes de mots des adjectifs, des adverbes et des participes. On désigne les rapports des choses aux personnes par des lettres qu'on place soit avant, soit après les racines et qu'on appelle affixes, préfixes s'ils sont placés devant, suffixes s'ils sont placés après la racine. L'article lui-même, qui est employé devant presque tous les noms égyptiens, vient d'une ancienne forme verbale. Peu à peu cette langue, encore fort primitive, parvient à certaines formes grammaticales qui précisent le sens et lui donnent presque toutes les nuances qu'ont nos langues modernes : dès le nouvel empire thébain, on indique parfaitement les relations de présent, de passé et de futur dans les verbes, et à l'époque romaine cette vieille langue égyptienne savait marquer bien d'autres nuances, la dépendance des diverses propositions entre elles, par exemple, ce qu'on peut parfaitement saisir en copte, s'il n'est pas toujours facile de le saisir dans les inscriptions hiéroglyphiques. Le copte n'est que la dernière transformation de la langue égyptienne. On a voulu faire du démotique et du copte deux langues nouvelles : le démotique n'est qu'une forme de l'écriture hiéroglyphique, ainsi que je le dirai tout à l'heure, et le copte est la même langue qu'on écrivait en caractères grecs, avec sept caractères particuliers qui provenaient de l'ancienne écriture. La preuve s'en trouve dans ce fait que le copte et le démotique étaient d'un usage simultané.

Comme origine, la langue égyptienne se rattache par le jeu de ses affixes aux langues dites sémitiques, comme l'hébreu et l'arabe ; mais pour ce qui est des racines, elle s'en sépare, quoiqu'on trouve certains radicaux semblables. L'Egyptien est une langue chamitique fortement sémitisée. D'ailleurs de très bonne heure, dès la ive dynastie, c'est-à-dire près de 5000 ans avant notre ère, l'Egypte était en rapports avec les Sémites qui habitaient la péninsule sinaïtique ; dans la période des grandes conquêtes égyptiennes, il devint de bon goût d'employer des mots sémitiques pour émailler le style prétentieux des scribes à la mode ; ces mots qui devaient être fort étonnés de se voir transcrits en hiéroglyphes ou en hiératique jouaient absolument le même rôle que les mots anglais que l'on introduit dans le français. Cette mode ne cessa pas avec l'époque des conquêtes : sous la domination grecque une foule de mots grecs eurent droit de cité dans la langue égyptienne qu'on appelle le copte, quoique cette langue possédât des équivalents exacts. Toutefois il est juste d'ajouter que, certaines des idées nouvelles qui s'acclimataient de par le monde ancien étant complètement inconnues des Egyptiens, comme les idées de vertu, de mérite et de démérite et beaucoup d'autres, il fallait bien trouver des mots pour les exprimer, ce qu'on fit en empruntant ces mots à la langue grecque. Au contraire la langue latine n'a laissé presque aucune trace de son emploi par les proconsuls, les gouverneurs et leurs officiers : on employait la langue grecque, et les quelques mots qui ont été adoptés par les écrivains coptes sont avant tout des mots ayant rapport à l'administration de la justice ou des noms désignant les charges civiles. Quand la conquête arabe eut soumis l'Egypte, on aurait pu croire que le même phénomène se reproduirait et que le copte adopterait quantité de mots arabes ; ce fut le contraire qui se produisit, le copte n'adopta aucun des mots arabes, mais l'arabe finit par supplanter le copte tout en gardant une quantité extraordinaire de mots d'origine égyptienne. La langue copte était d'un usage commun au xe siècle de notre ère ; à cette époque, comme la verve littéraire du peuple égyptien semblait épuisée et comme le même peuple comprenait mieux la langue arabe que sa propre langue, on commença de traduire les œuvres coptes en arabe. Les persécutions qui suivirent finirent peu à peu par rendre impossible l'usage de la langue copte qui était avant tout imprégnée des idées chrétiennes, et, vers le xviie ou le xviiie siècle, elle disparut, comme je l'ai déjà dit. De nos jours on a tenté vainement de la ressusciter dans les écoles qui dépendent du patriarche copte : elle est morte et bien morte.

A la question de la langue se rattache tout naturellement la question de l'écriture. Dès le commencement de l'empire égyptien, on trouve l'écriture en usage en Egypte. Les Egyptiens avaient pris le parti de dessiner aux yeux les objets mêmes qu'ils voulaient signifier ; peu à peu, on vit que ce procédé était par trop primitif et on fit usage de signes moins complexes, et enfin on en vint de très bonne heure à l'écriture alphabébétique. C'est-à-dire que par un signe on représentait soit une idée, soit une syllabe, soit une lettre ; de là le triple élément de l'écriture égyptienne : l'idéogramme, le syllabique et le signe que nous nommons alphabétique. La plus vieille inscription que nous possédons contient déjà ce triple élément. Je me permettrai de donner quelques-uns des signes qui composent ce que nous appelons l'alphabet égyptien, après avoir rappelé en quelques mots comment Champollion trouva la lecture des hiéroglyphes vers 1822.

Jusqu'à cette époque, bien des tentatives avaient eu lieu pour résoudre ce difficile problème qui était cependant bien facile, comme on le verra : ces tentatives purement empiriques échouèrent toutes, cela va sans dire : où les uns voyaient des idées extraordinaires, les autres ne voyaient que des symboles et chacun les interprétait à sa guise. Seul, l'anglais Young était parvenu à donner à quelques signes, c'est-à-dire à cinq lettres, la valeur qui se trouva être la vraie par la suite ; il avait eu l'idée que la langue égyptienne s'écrivait par de véritables lettres, ce qui était fort juste. Lorsque Champollion se mit à l'étude de ce problème, il n'avait ainsi aucun prédécesseur qui lui avait frayé la voie et sa découverte est bien sienne tout entière. On avait découvert pendant l'expédition française une inscription écrite en trois caractères différents, en caractères hiéroglyphiques, en caractères démotiques et en caractères grecs ; c'est l'inscription si célèbre de Rosette, dont les Anglais se sont emparés et qu'ils n'ont pas voulu rendre à l'expédition française. On eut bien vite fait de traduire le texte grec ; les hiéroglyphes se voyaient de prime abord, mais on ignorait encore ce que contenait l'autre texte écrit, nous le savons maintenant, en écriture démotique. Champollion remarqua sur cette pièce des enroulements ellipsoïdes autour de certains caractères, toujours les mêmes, et comme, dans le texte grec, revenait à chaque fois le nom du souverain de l'Egypte à cette époque, il se dit que les caractères contenus dans l'ellipsoïde devaient sans doute renfermer le nom du même roi. Il prit le premier de ces enroulements qu'on appelle cartouches et le nom grec correspondant, à savoir Ptolémée :

fut comparé à Πτολεμαῖος et donna

les lettres ▢ = P, ⌒ = t, 𝕽 = o, ✍ = l, ⌬ = m, ∥ = i, ∩ = s : il avait trouvé sept signes où Young n'en avait pu obtenir que trois, *p, t, i*.

Il prit un autre cartouche, celui de la reine Bérénice, (⟨hieroglyphs⟩) qui ne contenait qu'un signe commun avec le cartouche de Ptolémée ; ce signe commun, la lettre *i*, se trouva à la place où il devait être ; il prit ensuite celui de Cléopâtre (⟨hieroglyphs⟩) qui contenait avec celui de Ptolémée et celui de Bérénice six caractères semblables : ces six caractères se trouvèrent parfaitement correspondre à la valeur qu'ils avaient dans les cartouches étudiés précédemment, et Champollion, après y avoir ajouté le nom d'Alexandre, fut certain qu'il avait enfin découvert la lecture véritable des hiéroglyphes. D'autres cartouches, qu'il étudia par la suite, lui donnèrent le moyen de compléter son alphabet. Il prouva que cette manière de lire les hiéroglyphes n'était pas propre aux noms royaux, mais qu'elle permettait de retrouver certains mots de la langue copte. Malgré les violentes oppositions que suscita cette découverte, elle était certaine et appelée à la plus grande célébrité.

Parmi les signes qu'il rencontra, Champollion en remarqua certains qui étaient accompagnés d'autres signes toujours les mêmes ; il se dit que ce devaient être des signes complexes de compréhension, ce qui se trouva vérifié par l'expérience : ces signes sont nommés syllabiques, parce qu'ils servaient à eux seuls à écrire une syllabe, composée soit de plusieurs voyelles, comme 𓂝 = *oua*, d'une consonne et d'une voyelle, comme 𓅮 = *pa*, ou de plusieurs consonnes unies par une voyelle qu'on n'écrivait pas, comme 𓎟 = *nem*. De plus, il rencontra des signes suivis d'un trait vertical, comme celui où est représenté le disque solaire, par exemple, ☉ |, qu'il trouva d'autres fois accompagné de ses lettres complémentaires, ou celui de la jambe 𓃀, il en conclut que ces signes devaient servir à écrire des idéogrammes, et la conclusion était juste. On a par la suite retrouvé l'alphabet complet usité en Egypte, et je vais le donner ici :

LANGUES 23

𓇋	= a	▫	= p	—	= s
𓄿	= a.	𓅓	= m	▭	= sch
𓂝	= â	𓈖	= n	△	= q
𓇋𓇋,\\	= i	◯	= r	⌂	= g
𓅱, @	= ou	𓃭	= l	⌒	= k
𓆑	= f, ou w	𓉔	= h	▪	= t
𓃀	= v, ou b	𓎛	= ḥ	⌢	= d
		●	= kh	𓆓	= dj

Je joindrai quelques exemples de syllabiques à cet alphabet avec leurs lettres supplémentaires :

𓂉 = 𓇋 𓈖	= an	𓊪 = 𓈖 𓅓	= nm
𓃀 = 𓇋 𓈖	= an	𓋴 = ◯	= ret
👁 = 𓇋	= ar	𓊪 = 𓎛 𓂝	= ha
𓏴 = 𓇋 —	= as	☥ = 𓎛 ◯	= ḥr
𓂝 = 𓂝𓂝	= ââ	𓆣 = ● ▫ ◯	= khpr
† = 𓂝 𓅓	= âm	𓏲 = 𓇋 𓅃	= sou
𓋇 = ▭	= âsch	𓊪 = ▭ 𓅃	= schou
𓅆 = △ 𓂝	= âq	𓐍 = ◯ 𓅃	= ta
𓅮 = ▫ 𓅃	= pa		

⌷ = ◯ = pr 　　　🐦 = ◯ = tp

𓂻 = ◯ 𓂀 = ph. 　　𓌡 = ◯ = tm

𓊪 = 🦉 𓏭 = ma 　　𓏲 = ◯ = ts

𓊪 = 🦉 𓏭 = ms 　　𓆭 = ≈ = dn

— = 🦉 ◯ = mr 　　𓊪 = ≈ = dad

⊛ = 〜〜 𓅭 = nou 　　𓏊 = 𓆓 = djr

　　　　　　　　　🦩 𓅭 = dja, etc.

L'écriture égyptienne employant aussi une multitude de signes dits polyphones, ce qui en complique terriblement la difficulté, et, comme de plus elle contient une multitude incroyable de racines qui s'écrivent exactement de la même manière, il est facile de comprendre que l'intelligence des textes dût grandement en souffrir. Pour obvier à cet inconvénient, les Egyptiens employèrent certains signes qu'ils ajoutèrent aux lettres qui constituaient l'écriture du mot pour en préciser le sens à la vue et par suite à l'intelligence ; on appelle ces signes *déterminatifs*, ils ne doivent pas se lire par la voix, mais seulement par l'œil et ils précisent admirablement le sens de ces mots. Quand un seul ne suffit pas, on en met un second, puis un troisième, de manière à ce que le premier soit toujours le plus général, et que les autres aillent toujours en rétrécissant le champ de la pensée. Par exemple l'homme qui porte la main à sa bouche, 🧍, détermine toutes les idées où la bouche joue un rôle ; les idées matérielles d'abord, comme celles de manger, de boire ; puis les idées qui s'éloignent un peu de la matière, comme celle de parler, et enfin toutes les idées qui supposent l'une ou l'autre des précédentes, comme celles de penser, de réfléchir, parce que penser et réfléchir supposent l'énonciation de la pensée avec la réflexion, que pour énoncer il faut parler, et que pour parler il faut faire usage de la bouche. De même le signe de l'eau, les trois lignes ondulées 〰️, détermine d'abord le mot eau, puis tous les endroits où l'eau se trouve ; puis les idées d'irrigation, de lavage, de soif, en un mot toutes les actions où l'on emploie l'eau ; puis les idées qui résultent de l'irrigation, du lavage, l'abondance, la pureté, la sainteté, etc. Les hommes sont déterminés par l'homme, les femmes par la femme, les races et les peuples par l'homme et la femme réunis, les étrangers par le poteau auquel on attachait les prisonniers, ou par une suite de montagnes avec leurs vallées. Ce jeu des déterminatifs fait que l'écriture aide à l'intelligence du texte et lui donne ainsi une vie qu'on chercherait vainement dans n'importe quelle autre écriture, où le mot seul s'offre à la vue et où l'intelligence et la mémoire font le reste. C'est ce qui a facilité grandement l'intelligence des textes égyptiens. Cependant ce serait se tromper beaucoup que croire que ces textes renferment toujours des déterminatifs de l'idée exprimée par le mot ; certaines inscriptions monumentales, surtout dans les temples, ou sur les monuments où l'espace est limité, ne contiennent presque aucun déterminatif, et alors il est très difficile d'expliquer ces vieilles annales du passé.

Outre cette première écriture, les Egyptiens furent amenés de très bonne heure, peut-être dès le commencement de la monarchie égyptienne, à faire une sorte d'abrégé de cette écriture hiéroglyphique qui demandait beaucoup de temps pour former certains signes au trait, sans parler de ces mêmes signes soignés. Ainsi pour faire au trait un aigle qui signifie la voyelle a, , il fallait cinq traits de calame : ils imaginèrent d'abréger ce signe et de le faire d'un seul trait [1] ; de même pour faire la chouette qui signifie la lettre *m*, , il faut huit traits de plume, ils réduisirent le signe à un

---

1. Voir le septième signe de la vignette de la page 28.

seul trait[1]. C'est cette écriture qu'on appelle *hiératique* : elle fut surtout en usage sur les papyrus, les *ostraca*, ou tessons de pots, éclats de calcaire sur lesquels on apprenait ou l'on s'exerçait à écrire. En outre, toutes les inscriptions hiéroglyphiques étaient d'abord tracées sur la place où elles devaient être gravées en caractères hiératiques et le sculpteur devait d'abord les déchiffrer, ce qui a souvent amené des erreurs qu'il est facile de corriger. L'écriture hiératique emploie toujours, et souvent avec profusion, les signes déterminatifs de l'idée, sauf pour un petit nombre de mots qui ont un rôle purement grammatical et qui, par conséquent, étaient fort connus. Outre ces caractères proprement dits, les Egyptiens se servaient de certaines règles particulières pour écrire les chiffres.

C'est l'écriture hiératique qui est encore en usage aujourd'hui chez les peuples de l'occident, et on peut dire chez presque tous les peuples de l'Ancien Monde. Les Phéniciens qui faisaient le commerce avec l'Egypte remarquèrent bientôt la grande facilité qu'assurait aux scribes égyptiens l'usage de l'écriture : du grand nombre de signes en usage en Egypte, ils tirèrent leur alphabet qui s'acclimata d'abord sur les rives asiatiques de la

---

[1]. Voir le second signe, page 28.

Méditerranée, puis passa en Grèce, en Italie, fit en un mot le tour des côtes de la Méditerranée, se modifiant peu à peu selon les usages, les besoins ou l'arbitraire de chaque peuple, mais en des points très peu nombreux et très peu importants. C'est ce qu'a montré, avec une évidence inéluctable, E. de Rougé dans son mémoire *sur l'origine égyptienne de l'alphabet phénicien*. De nos jours, on a tenté de reporter cette gloire à certains peuples sémites sur lesquels on ne sait à peu près rien : l'effort tenté indique peut-être une grande reconnaissance des fils pour leurs pères, mais il ne saurait aucunement modifier les conclusions de la vraie science qui procède par des examens minutieux, et non par des théories hasardées.

Vers la xxiv° dynastie, l'écriture hiératique ne parut pas assez cursive, on l'abrégea encore et elle devint une série de petites sigles qui se rapprochaient beaucoup les unes des autres : c'est ce qu'on appelle l'écriture démotique. Ainsi le signe hiératique qui est l'abrégé du hiéroglyphe [1], fut lui-même abré-

1. Voir le signe deuxième page 28.

gé[1] ; le signe [2] de la maison, qui dérivait du signe de la maison hiéroglyphique ⬜, s'abrège en deux traits au lieu de quatre, ainsi de suite[3]. Les ligatures, c'est-à-dire plusieurs signes liés ensemble et ne semblant en faire qu'un seul, rendent très difficile la lecture du démotique, ce qui ajouté à la petitesse des sigles qui a bientôt ruiné les yeux les meilleurs, a fait que jusqu'ici on s'est peu adonné à cette étude de l'écriture et qu'on se soit de préférence occupé de l'étude du hiératique et des hiéroglyphes.

Le tableau suivant, qui contient une inscription hiératique, avec une transcription hiéroglyphique, donnera une idée de ces deux écritures. Les deux premières parties de la planche ci-jointe contiennent les mêmes textes écrits d'abord en hiéroglyphes, puis en hiératique. La troisième, qui est indépendante et prise d'un contrat, donne aussi une idée des inscriptions démotiques. Voici la traduction des trois morceaux.

1er morceau

La fille royale ; la sœur royale ; la femme royale grande Setka, vivante.

---

1. Voir le signe sixième, page 28.
2. Voir le signe cinquième, même page.
3. Voir le signe troisième, même page.

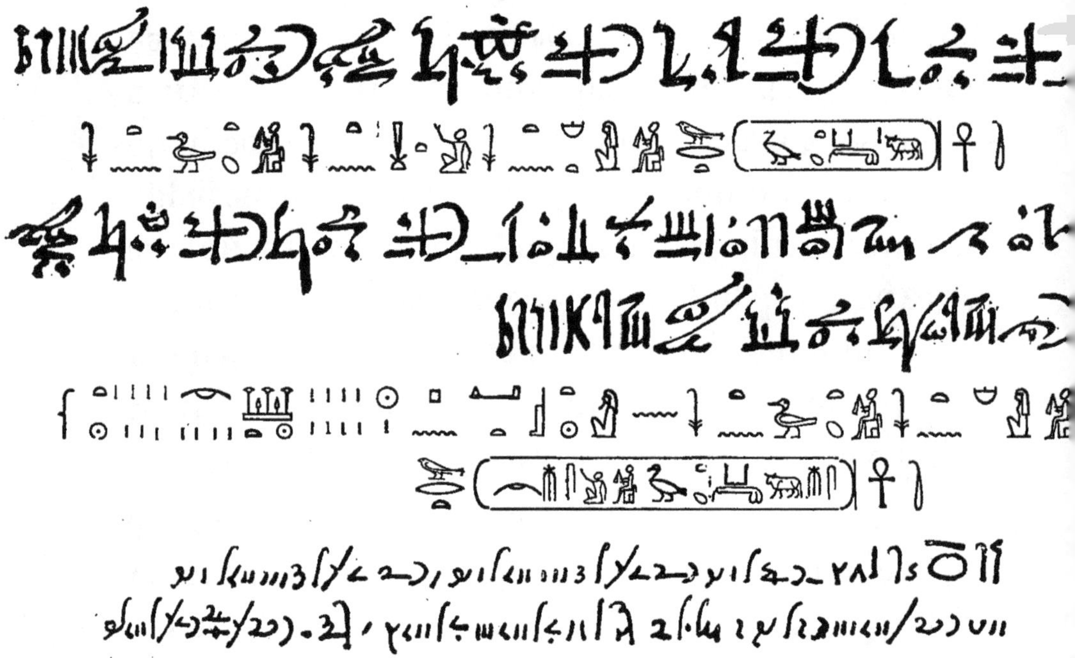

2ᵐᵉ *morceau*

L'an sept ; le quatrième mois de la saison de Schat, le jour huitième : ce jour de placer la fille royale,

La grande femme royale Ahmès Set-Ka-mes, vivante.

La ligne de démotique signifie, d'après **M.** Revillout : An 25, Pachons, du roi Ptolémée, fils de Ptolémée et d'Arsinoé les Dieux frères.

Cette triplicité d'écriture ne suffit pas aux Egyptiens ; à l'époque chrétienne, ils adoptèrent l'alphabet grec, soit qu'ils le reconnussent d'un usage beaucoup plus commode, soit que les nouvelles croyances aient éloigné tout ce qui avait une apparence idolatrique. Mais, comme le nouvel alphabet ne contenait pas toutes les lettres nécessaires pour représenter les sons de la langue égyptienne, ils y ajoutèrent sept signes nouveaux, dont un syllabique, à savoir : ⳉ = sch ; ϥ = f ; ϩ = kh ; ϧ = h forte, aspiration qui sert à remplacer l'esprit rude des Grecs ; ϫ = dj ; ϭ = g, et enfin ϯ = ti. Toutes ces lettres viennent des formes hiératiques ; ainsi, ⳉ vient du signe quatrième du tableau de la page 28, ϭ du huitième, ϥ de ⟿ , fait en démotique ainsi qu'il est fait au signe neuvième. Cette écriture devint l'écriture officielle copte : elle affecta plusieurs formes, dont la plus connue est la forme onciale, la seule qui, au fond, ait été en usage en Egypte, plus ou moins abatardie ; mais il faut en excepter les papyrus à écriture presque cursive où les ligatures sont tellement nombreuses qu'elles sont parfois presque impossibles à déchiffrer.

Quand l'invasion arabe eut conquis l'Egypte, les guerriers de 'Amr d'abord, puis les khalifes ou leurs lieutenants employèrent la seule écriture qu'ils connussent, c'est-à-dire l'écriture arabe. Mais l'écriture arabe elle-même est passée par trois ou quatre états différents : je citerai spéciament l'écriture coufique et l'écriture neskhi, toujours en usage dans les écoles. L'écriture coufique ne nous a laissé que de rares monuments, entre autres un Coran qu'on fait remonter à l'époque qui suivit immédiatement l'invasion, mais qui est postérieure : ce Coran est conservé à la bibliothèque du Caire, située au Darb el Gamamiz ; cette bibliothèque conserve aussi des chefs-d'œuvre calligraphiques en écriture *neskhi*, entre autres de magnifiques Corans de toutes les tailles qui montrent jusqu'à quel degré de perfection était parvenu en Orient, et surtout en Egypte, le bel art du scribe.

L'alphabet arabe est fort connu, et il me

semble tout à fait inutile d'en donner ici un spécimen. Le lecteur qui voudrait en avoir un spécimen le trouvera dans les grammaires arabes ou dans les *guides* qu'il se procurera pour son voyage.

A l'heure actuelle, il n'y a presque pas d'école dans les grandes villes où l'on n'apprenne les langues européennes et où, par conséquent, les jeunes élèves n'apprennent à se servir de l'alphabet romain.

Je ne terminerai pas ce qui regarde l'écriture en Egypte sans dire quelques mots de la grande habileté des écrivains égyptiens. Dès les plus anciens temps, savoir écrire menait à tout ; aujourd'hui encore, le bel art de la calligraphie est cultivé avec amour, quoique l'invention de l'imprimerie lui ait fait perdre beaucoup. A l'époque copte, le scribe qui savait parfaitement arrondir son onciale était regardé comme un maître èssciences et ès-arts. Il y avait, notamment au Fayoum, des écoles fondées et réputées uniquement pour l'art avec lequel on y écrivait. De tous les côtés de l'Egypte on y courait acheter les beaux manuscrits dont on faisait ensuite don à quelque église particulière dont on voulait honorer le patron ou à quelque couvent dont on craignait le fondateur. Mais quelqu'ait été jamais l'amour du scribe pour son encre et son calame, plus on remonte vers les temps anciens, plus on trouve cet amour ardent, et à aucune époque moderne on n'écrivit mieux que sous l'empire pharaonique. Les papyrus connus sous le nom de grand papyrus Harris et de papyrus d'Orbiney sont des chefs-d'œuvre à ce point de vue ; mais presque toujours le scribe égyptien laissait échapper quelques fautes, parce qu'il n'était pas assez attentif à ce qu'il faisait et se laissait distraire par les incidents qui lui passaient sous les yeux.

II

Religions et cultes en Egypte

Le grand public en est aujourd'hui sur la question de la religion en Egypte au même point que les auteurs grecs ou latins ; sur la foi d'Homère, on ne doute point que le peuple égyptien n'ait été le plus religieux des peuples ; mais sur la foi de Juvénal, on croit que les Egyptiens adoraient les carottes, les poireaux et les légumes. On a raison jusqu'à un certain point ; mais on se trompe aussi. La religion égyptienne est surtout célèbre aujourd'hui par le culte du bœuf Apis ou du taureau Mnévis. La cause de cette indécision pour ou contre la vérité provient de ce que l'observation des anciens auteurs n'a été que superficielle et de ce que, les Egyptiens ayant, comme tous les peuples, commencé par le fétichisme, les diverses couches de religion se sont superposées les unes aux autres sans jamais disparaître complètement et que, même aujourd'hui, le peuple en est toujours aux croyances de l'époque des Pyramides. Il y a

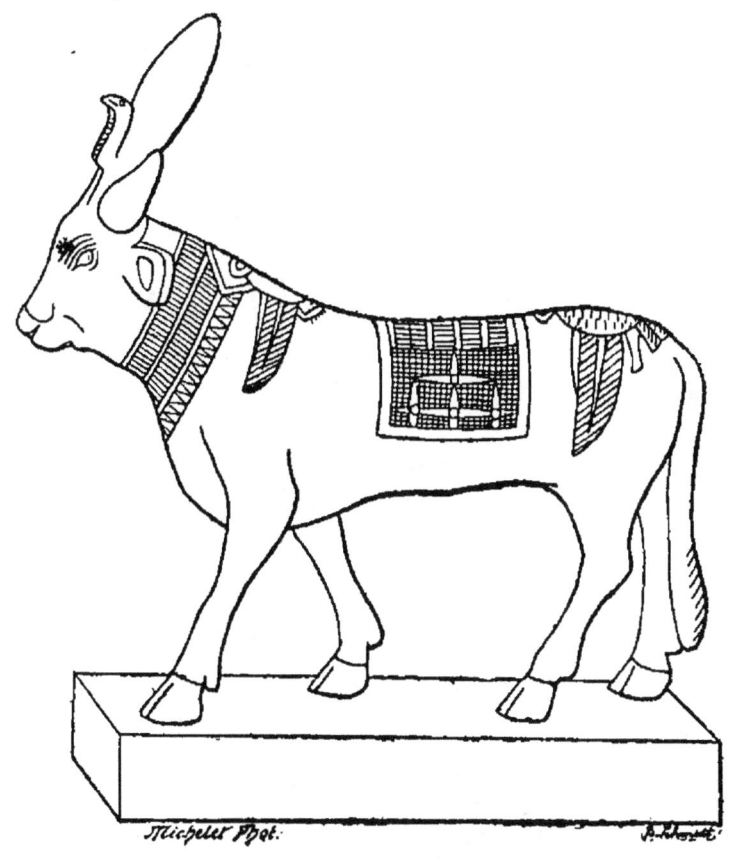

Taureau Apis

beaucoup d'autres nations où cette persistance des idées les plus anciennes pourrait s'observer, même chez les peuples les plus avancés dans les voies de la civilisation. Ce que je vais faire passer sous les yeux du lecteur lui montrera le développement successif des idées religieuses en Egypte.

Quand s'ouvre l'histoire égyptienne, on ne trouve pas mentionné un grand nombre de divinités, et ces divinités sont presque toutes d'ordre

Le dieu Nil

funéraire; mais on trouve des coutumes établies qui nous montrent avec clarté de quel état barbare le peuple égyptien était parti. Le sacrifice humain a été acclimaté en Egypte comme partout ailleurs : si le roi allait en guerre, il devait vider une coupe remplie de vin rouge, qui rappelait celle où le dieu Horus avait bu le sang de ses ennemis ; si l'on bâtissait un temple, le dieu et la félicité de sa maison exigeaient une victime humaine ; si le Nil montait, on jetait en ses eaux une jeune fille soigneusement parée qu'on appelait sa fiancée, et cet usage persista jusqu'à la conquête arabe, puisque ce fut 'Amr qui l'abolit et fit remplacer la victime par une petite pyramide de terre que l'on construit toujours au Caire ; si l'on terminait une guerre heureuse, le roi offrait à son père Amon, ou Râ, ou n'importe quel autre dieu local, les prisonniers qu'il avait faits et leur fracassait la tête à grands coups de matraque, comme on le voit représenté sur les murs des temples des centaines de fois. Si l'on bâtissait une maison, on suspendait aux murs les têtes des victimes immolées pour la prospérité de cette maison, des victimes humaines d'abord, des crânes de bœuf ensuite et enfin de simples représentations de ces crânes ; on y laissait, et on y laisse encore, pousser un arbre afin de la garder des influences mauvaises. Le peuple égyptien a passé avec quelque raison pour le plus superstitieux des peuples ; mais il n'a point différé en cela des autres nations. Si je voulais donner ici une idée même approximative de la superstition égyptienne, ce serait un volume entier que je devrais consacrer à ce sujet. D'ailleurs le voyageur n'aura qu'à regarder autour de lui au Caire et dans les rues des grandes villes, il verra des gens assis ou accroupis devant un petit tas de sable, ou de coquillages, ou ayant un livre, et s'il demande ce que font ces bonnes gens, son guide lui répondra qu'ils prédisent l'avenir.

Il est très compréhensible qu'il en ait été ainsi primitivement et qu'il en soit toujours ainsi. Les premiers hommes se croyaient le jouet de puissances supérieures, dont les unes leur étaient favorables et dont les autres leur étaient contraires. Ils s'efforcèrent de se rendre les unes toujours propices et de faire que les autres fussent impuissantes, ou tout au moins de faire que la puissance des secondes fut contrebalancée par la vertu des premières. On établit un intermédiaire entre l'homme et ces puissances, intermédiaire qui devait être au-dessus des simples hommes, afin de servir de trait d'union entre eux et la divinité : cet intermédiaire fut naturellement le chef de tribu ou le roi, ou plus anciennement encore le fondateur de la famille, c'est pourquoi chez tous les peuples on rencontre d'abord unis sur la même tête le pouvoir religieux et le pouvoir civil ou militaire : encore aujourd'hui le tzar de toutes les Russies est le chef religieux de son empire et le pape de Rome réclame toujours la royauté terrestre que les Italiens lui ont enlevée. C'est une loi qui se trouve au fond de toute société primitive. Quand le chef de la famille ne suffit plus à remplir les divers offices de sa charge, il délégua son autorité à certains personnages qui devaient s'entourer de toutes les précautions nécessaires pour se rendre agréables à la divinité, et le sacerdoce fut créé.

Les puissances supérieures qu'on *cultivait* ainsi étaient les forces physiques de la nature ; tout ce qui paraissait extraordinaire à l'homme fut adoré, d'abord sans la moindre personnification, puis graduellement tout se personnifia et la mythologie commença. La mythologie égyptienne, pour n'être pas aussi connue que la mythologie grecque ou romaine, n'en existe pas moins. Il y a dans cette mythologie plusieurs cycles régionaux : le cycle de Râ ne ressemble pas au cycle d'Amon, ni celui-ci au cycle de Petah. On n'en connaît guère que les incidents les plus fameux, et quelque papyrus encore enfoui dans quelque tombe nous en fera connaître le reste. Les dieux infernaux avaient leurs légendes tout comme les dieux célestes, et il y en avait presque autant que de provinces ou de grandes villes ayant un culte local célèbre.

C'est qu'en effet, à mesure que la religion s'établissait et sortait du fétichisme primitif, chaque

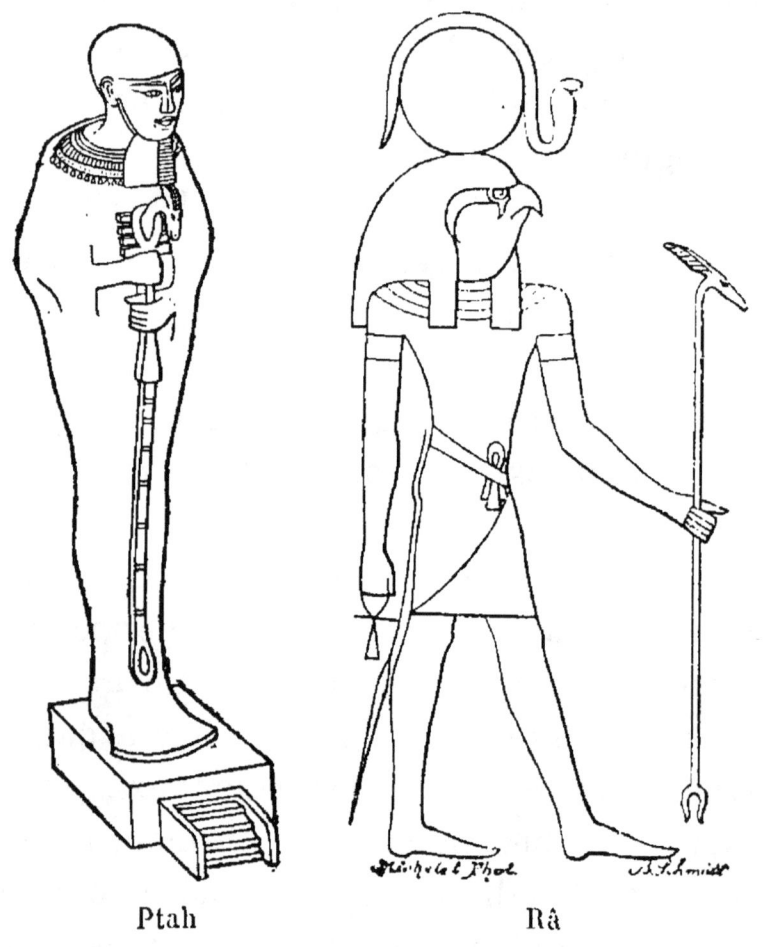

Ptah   Râ

ville, chaque village faisait choix de sa divinité protectrice qui devait la défendre contre les autres divinités : le rempart d'une ville, ce sont ses dieux, dit une ancienne maxime de la morale égyptienne.

Dans les luttes intestines qui marquèrent les temps qui aboutirent à l'unité du pouvoir sous le premier Pharaon, il arriva cependant que ces dieux locaux furent vaincus et défendirent mal ceux qu'ils avaient mission de protéger : les villes vaincues s'empressaient alors de donner place en leur panthéon aux divinités victorieuses, pendant que les villes qui avaient remporté la victoire en faisaient autant pour les dieux soumis, par crainte de quelque retour offensif. Il arriva ainsi que le Panthéon de chaque ville devint sans cesse peuplé, trop peuplé même au gré des prêtres qui composaient le collège sacerdotal et théologique d'Héliopolis. Ils imaginèrent de limiter le nombre des grands dieux à neuf, ce qui s'appelle Ennéade. Chacune des villes importantes de l'Egypte adopta cette ennéade en changeant seulement le Dieu qui se trouvait à la tête sans avoir d'épouse, tandis que les Dieux qui formaient l'ogdoade et avaient des épouses restaient les mêmes. Dès la xie dynastie l'Ennéade était reçue et adoptée par tous les centres religieux de l'Égypte : elle fournit encore une longue carrière, puisque nous la retrouvons dans les systèmes gnostiques élevés au iie siècle de notre ère. C'était un progrès qui n'empêcha point le peuple de demeurer fidèle à ses vieilles coutumes fétichistes.

Mais ce progrès ne devait pas être le dernier ; les philosophes thébains devaient encore simplifier ce nombre de neuf Dieux et le réduire à trois, ce qu'on nomme la Triade égyptienne, le premier type de la Trinité chrétienne. Il furent en effet frappés de ce fait que le nombre neuf n'a aucune raison d'être, et, comme ils ne pouvaient rien savoir de la vie divine, sinon en la calquant sur la vie humaine, ils réfléchirent que la population humaine repose sur la famille, que la la famille comprend trois personnes : le père, la mère et l'enfant, et que ces trois personnes suffisaient pour fonder au moins une famille ; alors ils appliquèrent leurs réflexions à la divinité, ou plutôt à la famille divine, et ils formèrent la triade par comparaison et par abstraction. Il y eut un Dieu père, ou principe actif, une déesse mère, ou principe passif, et un enfant, fruit commun des deux principes. Cette Triade fut adoptée d'abord par les philosophes de Thèbes, ensuite par toutes les villes égyptiennes, avec des variantes autant que pouvait en comporter la conception primitive, comme il y avait eu des Ennéades composées de vingt-sept Dieux ou personnes divines. On comprendra facilement que le peuple grossier ne put suivre les sages de l'Egypte dans leurs spéculations, et qu'il continua toujours de garder ses croyances premières, comme les partisans de l'Ennéade restaient attachés à leur chiffre de neuf Dieux.

Triade thébaine composée de Ammon-Râ, Maout, Khons

Ce ne devait point être là le dernier progrès de l'esprit égyptien. Sous la xviiie dynastie, le roi Aménophis IV tenta une révolution dans le sens du monothéisme en faveur du *Disque solaire*; mais sa tentative échoua assez vite. Le monothéisme ne

pouvant point être imposé par la force, il devait
être le fruit des réflexions de l'esprit humain.
Comme toutes les grandes découvertes de l'esprit
humain, celui qui sut le premier dégager l'idée de
Dieu de toute idée inférieure n'a pas laissé son
nom à la postérité ; mais son enseignement lui a
survécu et a fait son chemin dans le monde,
depuis le jour où fut composé l'hymne célèbre
connu sous le nom d'hymne de Boulaq, parce
qu'il est conservé dans un papyrus appartenant
au musée de Boulaq. A partir de l'époque à
laquelle fut composé cet hymne, les Egyptiens
découvrirent presque toutes les qualités ou attributs dont nous entourons la divinité : aséité, unité,
spiritualité, éternité, intelligence divine formant
la vie de Dieu, providence, justice. Ces philosophes inconnus poussèrent si loin leurs méditations
philosophiques qu'ils ont analysé le rôle de la vérité et de la justice en Dieu d'une manière vraiment
étonnante, qui nous semble puérile peut-être, parce
que nous sommes les héritiers de la longue suite
des efforts de l'humanité en ce sens, mais qui primitivement a dû être tout simplement merveilleuse. Les Grecs n'ont pas eu beaucoup de peine à
faire leurs théories transcendantes et, si l'on veut réfléchir aux traditions unanimes qui font aller les plus
grands des philosophes grecs voyageant en Egypte,

comme Solon, Thalès, Platon, etc., on demeurera convaincu que la Grèce emprunta beaucoup à l'Egypte. Il ne pouvait y avoir d'ailleurs que les esprits supérieurs à pouvoir suivre les philosophes égyptiens sur un terrain qui demandait autant d'élévation dans les idées. Ces idées n'eurent pas un grand nombre de partisans en Egypte, il est vrai ; mais il n'en est pas moins certain qu'elles virent le jour dans la vallée du Nil et que depuis elles ont fait leur chemin de par le monde.

Je n'ai pas besoin, je suppose, de citer ici tous les noms des divinités qui ont fait partie du Panthéon égyptien, comme Râ, Seb, Nout, Toum, Petah, Amon, Thot, Sokar, Osiris, Isis, Nephthys, Set, Maout, Khonsou, Montou, et mille autres peut-être; ce n'étaient guère que des personnages qui jouaient un rôle quelconque dans la religion ; mais le véritable fond de la religion égyptienne et son développement furent tels que je l'ai exposé. Cependant un certain nombre de ces personnages avaient déjà pris depuis longtemps, au commencement de l'histoire égyptienne, une vie extraordinaire dans les légendes du peuple égyptien, et autour s'étaient formés tout un cycle de légendes. Le Dieu Osiris était à la tête de ces légendes. Il représentait l'élément pacifique de la civilisation naissante, celui qui veut opérer par la persuasion,

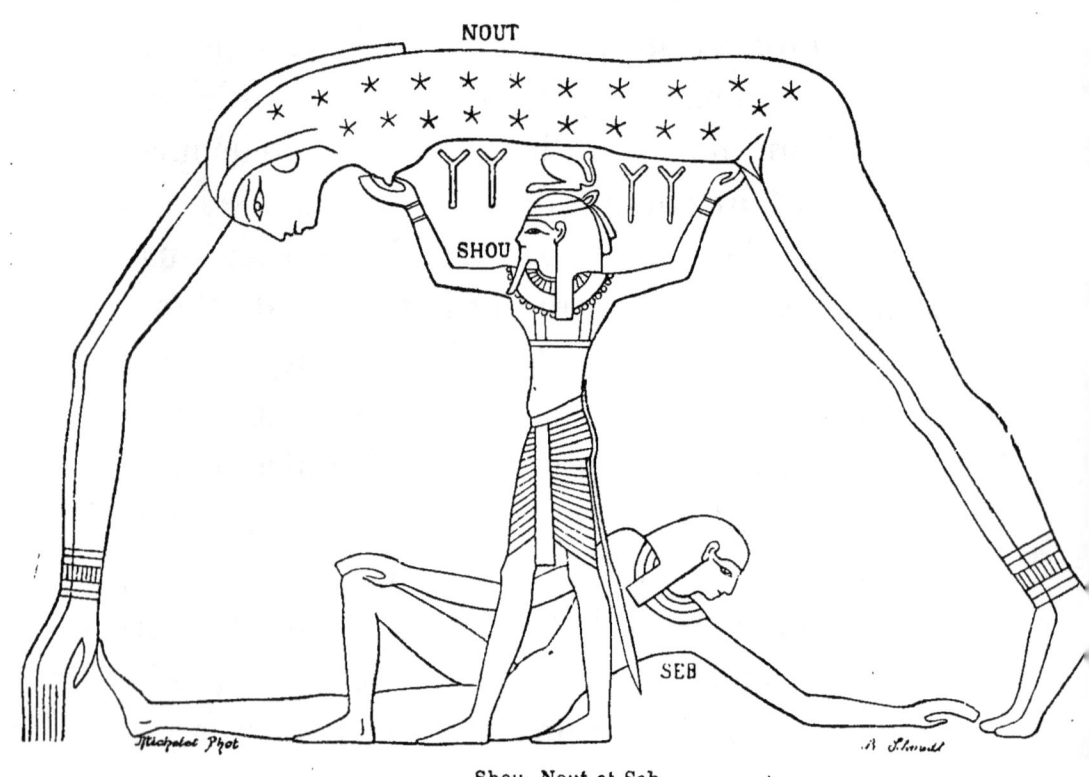

Shou, Nout et Seb

les lois, les arts : on le représentait faisant la conquête du monde et le civilisant par l'enseignement de l'agriculture et de la musique. Il avait pour ennemi, Set, le même que le Satan moderne, représentant les peuples qui avaient travaillé durement pour conquérir les métaux, peuples violents qui à un certain moment devaient avoir envahi l'Egypte à une époque indéterminée. Ce fut Set qui étouffa Osiris dans une boîte où il l'enferma. Il avait deux sœurs, Isis, femme d'Osiris, et Nephthys femme de Set ; elles eurent toutes deux horreurs du crime de Set, et Isis, ayant eu commerce avec Osiris, même après sa mort, ce qui est un peu trop demander à la crédulité, conçut un fils qu'elle mît au monde et qui s'appela Horus. Celui-ci vengea la mort de son père, vainquit son oncle, le relégua dans le désert, pendant que la vallée appartenait aux successeurs légitimes d'Osiris. Le peuple lui avait donné pour exprimer son rôle un surnom significatif que nous traduisons par *l'Être-bon*. Cet Etre-bon, outre son rôle terrestre, ne tarda pas à avoir un rôle après sa mort : comme il avait établi les lois qui pacifiaient la terre, il fut naturellement appelé par les peuples de la Basse-Egypte à être juge de l'observation de ces lois, et ce fut le commencement de son rôle après la mort. Les Egyptiens croyaient en effet que l'homme ne meurt pas tout entier, qu'une certaine partie de lui-même, plus ténue, mais matérielle, morte après la mort, peut cependant être rappelée à la vie comme Osiris avait été rappelé à la vie par le maître

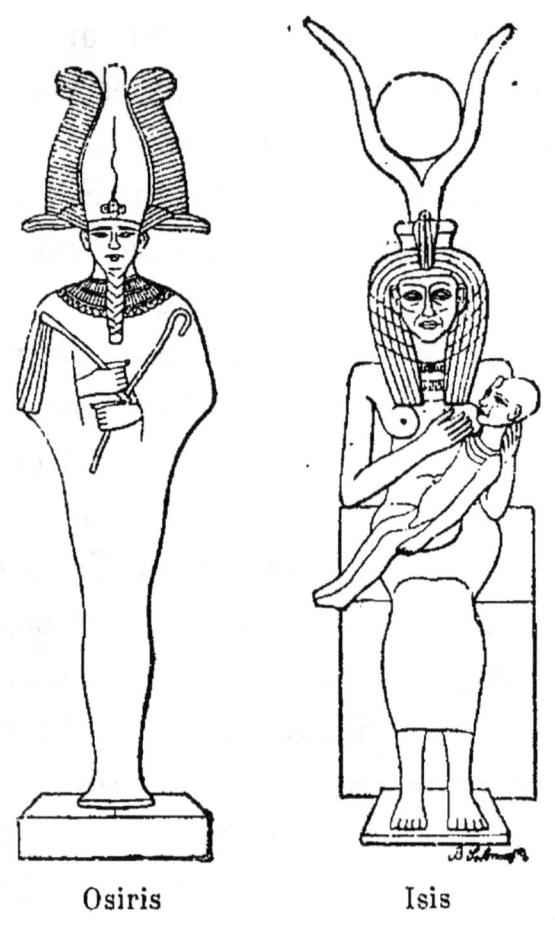

Osiris   Isis

des cérémonies magiques auxquelles avait présidé Horus, son fils, celui-là même qui l'avait vengé. Cette partie de l'homme s'appela successivement *double, lumineux* et *âme*. Le double naissait avec le corps, avait la forme du corps, et ressemblait si bien au corps, que, pour le représenter avec le corps, les Egyptiens faisait des représentations identiques. Il vivait conjointement avec le corps, mourait avec lui, et c'est lui qu'on faisait revivre par les cérémonies des funérailles. Primitivement il vivait attaché près du cadavre sans vie ; on devait le nourrir par les offrandes qui étaient déposées dans le tombeau. Il finit par avoir liberté d'en sortir et d'aller se promener où bon lui semblait ; mais il devait être rentré avant la nuit, de peur de tomber entre les mains des puissances ténébreuses qui rôdaient à travers l'Egypte. S'il ne recevait pas de nourriture, il allait chercher dans les détritus, les immondices de toutes sortes ce qu'il lui fallait pour soutenir sa vie : s'il ne trouvait rien, il mourait et rentrait dans le néant. Son existence était de même attachée à la conservation du cadavre ; pour conserver ce cadavre, on employait les procédés de la momification, qui ont si bien rempli le but que l'on se proposait, que les momies ont pris place aujourd'hui dans tous les musées du monde.

La lueur phosphorescente qui, dans toutes les apparitions des récits populaires, environne celui qui apparaît donna occasion de créer un nouvel être, le *lumineux*, le *Khou*, comme disaient les Egyptiens. On ne sait pas encore quel fut primitivement le rôle de ce *Khou*, qui était appelé au glorieux avenir de *l'esprit bienheureux*, dont je vais avoir bientôt l'occasion de parler. Ce *Khou*, ou cette *âme*, car les deux appellations se confondirent, eut d'abord deux destinées différentes selon qu'elles appartenaient à la Basse-Egypte ou à la Haute-Egypte. Dans la Basse-Egypte l'âme qni avait été dévote à Osiris s'en allait au bord d'un lac au milieu duquel se trouvaient des îles, elle y passait sur l'aile d'un ibis ou dans une barque enchantée conduite par un nocher qui fut le prototype de Charon ; cette traversée faite, elle était conduite devant Osiris, reçue au nombre de ses féaux, avait une part des terres de son domaine, y cultivait des champs où le blé poussait à une hauteur de plus de trois mètres et devait être nourrie aux frais du Dieu, par les offrandes qu'on faisait pour elle sur la terre. Si au contraire elle appartenait à la Haute-Egypte, elle s'en allait, un bâton à la main, vers la fente de la montagne par où disparaissait le soleil, et elle devait traverser successivement tous les domaines des heures de la nuit avec leurs enchantements, leurs gardiens, en montant sur la barque du soleil au moment où elle s'engageait dans les longs couloirs qui formaient ce domaine, au milieu des plaintes et des hurlements des âmes qui n'avaient pas encore pu monter avec le Dieu Râ. Celles qui avaient achevé ce voyage souterrain faisaient alors partie des hâleurs de la barque céleste qui la traînaient à la cordelle sur les canaux du ciel, tout comme les

Déesse de l'Amenti ou région infernale

mariniers égyptiens le faisaient sur la terre. Quand la pensée humaine eut progressé et quand l'Egypte fut devenue une, on allia ensemble ces deux légendes, Osiris devint le seul Dieu des morts et on le fit le juge suprême devant le tribunal duquel l'âme devait se présenter et justifier qu'elle avait mené sur terre une vie recommandable. Encore ici, le progrès des idées n'empêcha point que les idées précédentes ne demeurassent profondément ancrées dans la pensée du peuple, et les livres sacrés de l'Egyte nous témoignent de cet amal-

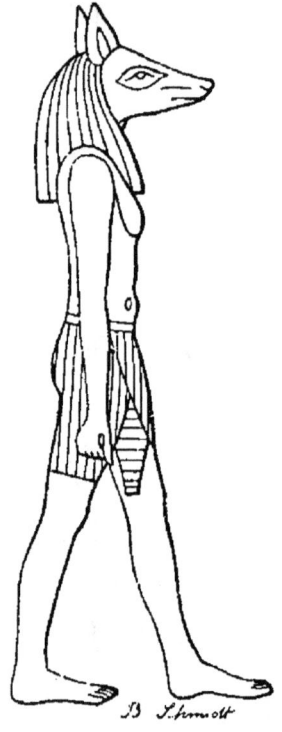

Anubis

game d'idées qui s'étaient superposées les unes aux autres, notamment le *Livre des Morts*, pour lui donner le nom qu'on lui donne communément au lieu du *Livre de sortir pendant le jour*, comme les Egyptiens le nommèrent. Osiris sur son tribunal était entouré de quarante-deux assesseurs ; Anubis le chacal qui avait présidé aux opérations de l'embaumement, ou Horus, amenaient l'âme devant Osiris, après avoir subi les épreuves terribles du chemin, épreuves qui épouvantaient encore l'âme des moines chrétiens, notamment d'Antoine et de Schenoudi ; elle faisait en face de la redouta-

Déesse Vérité — Grande dévorante

ble assemblée ce qu'on appelle la *confession négative*, c'est-à-dire qu'elle énumérait les péchés les plus horribles en ajoutant qu'elle ne les avait point commis et en terminant par cette affirmation : Je suis pure, je suis pure, je suis pure. Pour juger de l'exactitude de ces paroles, Thot, le rouleau de papyrus à la main, veillait au pèsement qui se faisait de son cœur dans la grande balance divine; le contre poids mis dans le second plateau n'était autre que la *Vérité* elle-même. Un monstre à mamelles pendantes et à figure d'hippopotame, ou de quelque autre animal cruel, nommé la *Grande dévorante*, assistait à l'opération nommée *psychostasie* ou pèsement de l'âme, prête à justifier son nom si le cœur ne faisait pas contrepoids à la statuette de la Vérité. Si au contraire, le défunt avait dit vrai et était pur de tout crime, il était admis dans les Champs-Elysées de l'Égypte ; sinon, il était condamné d'abord à certains supplices, retournait sur la terre pour vivre une seconde vie, après laquelle il comparaissait de nouveau devant le tribunal d'Osiris, était pesé une seconde fois et, si le résultat était identique dans les deux pesées, il était condamné à la seconde mort, c'est-à-dire à l'anéantissement. Cependant on voit dans certains tombeaux des Rois, à Thèbes, et notamment dans celui de Séti Ier des supplices que nous sommes habitués à placer dans l'Amenti ou les Enfers : les damnés étaient plongés dans des lacs de feu, torturés, avaient la tête coupée et vivaient encore parce que la justice divine voulait qu'ils vécussent. En un mot, les croyances de l'Egypte à cette époque, au moins pour certains particuliers, ressemblaient fort aux croyances chrétiennes, sauf sur un point d'une importance capitale : les Egyptiens ne croyaient pas qu'une faute temporelle, si grande fût-elle, pût mériter un supplice éternel. Même les moines chrétiens n'admirent jamais une telle doctrine ; pour eux, il y avait relâche des supplices infernaux le samedi et le dimanche, à toutes les fêtes de l'année, et même l'on pouvait parfaitement passer de l'enfer au ciel. Le plus grand danger que courait l'âme égyptienne était de devenir la proie de quelque monstre sur la route qui menait au tribunal d'Osiris ; aussi avait-on pris toutes les précautions pour s'assurer un voyage heureux, tout au moins sans incident extraordinaire.

Pour cela, on munissait la partie du composé humain qui comparaissait devant Osiris de toutes sortes de formules et de recommandations magiques, contenues dans les écrits sacrés que l'on faisait remonter à Thot lui-même, et que les Grecs ensuite ont attribués à Hermès Trismégiste. Ces livres étaient nombreux ; il y avait d'abord le *Livre des Morts*, puis le livre de l'hémisphère inférieur, le livre de l'enfer, le livre des Pylônes, etc., sans compter les textes que l'on utilisait dès l'époque des Pyramides pour les graver et orner ceux de ces monuments qui en sont couverts. Puis on retraçait sur les parois des tombeaux quelques-uns de ces textes, ou simplement la formule si connue : Royale offrande à Osiris (ou à tel autre Dieu qui plaisait), afin qu'il donne millier de pains, millier de vases de vin, millier de vases de bière, millier de viande de bœuf, millier de chair de volatiles, millier de vêtements, millier d'étoffes, millier de vases d'huile, millier de toutes les choses bonnes et pures dont les dieux vivent, à l'âme du défunt, lequel était identifié avec Osiris. Afin qu'il n'y eut pas possibilité de famine et de dénument, on multipliait la dose de l'offrande, et il n'en coûtait rien, afin que le Dieu, les recevant dans l'autre monde, en pût donner tout au moins une partie au défunt, après l'avoir mise dans ses greniers d'approvisionnements. On avait surtout pour parvenir au même but les cérémonies des funérailles complexes que l'on célébrait en l'honneur et pour la béatitude du défunt.

Ces cérémonies commençaient d'abord par l'embaumement du cadavre. Il y avait diverses sortes d'embaumement, selon la classe à laquelle on appartenait et le prix que l'on pouvait y mettre. On remettait d'abord le cadavre à des prêtres de bas étage que l'on nommait taricheutes et paraschistes : l'un d'eux faisait un trou au ventre pour retirer les entrailles, ou à l'anus pour injecter le liquide qui devait dessécher les entrail-

Amset   Hâpi

les. Si l'on enlevait les entrailles, on avait soin de les remettre dans l'intérieur du cadavre avant de lui faire l'opération de l'embandelettement ou on les plaçait dans les vases nommés canopes, dont chacun était consacré à l'un des quatre génies funéraires : Amset, Hâpi, Tiaoumaoutef et Qebehsennouf. On lui enlevait également la cervelle, au moyen d'un crochet que l'on introduisait par le

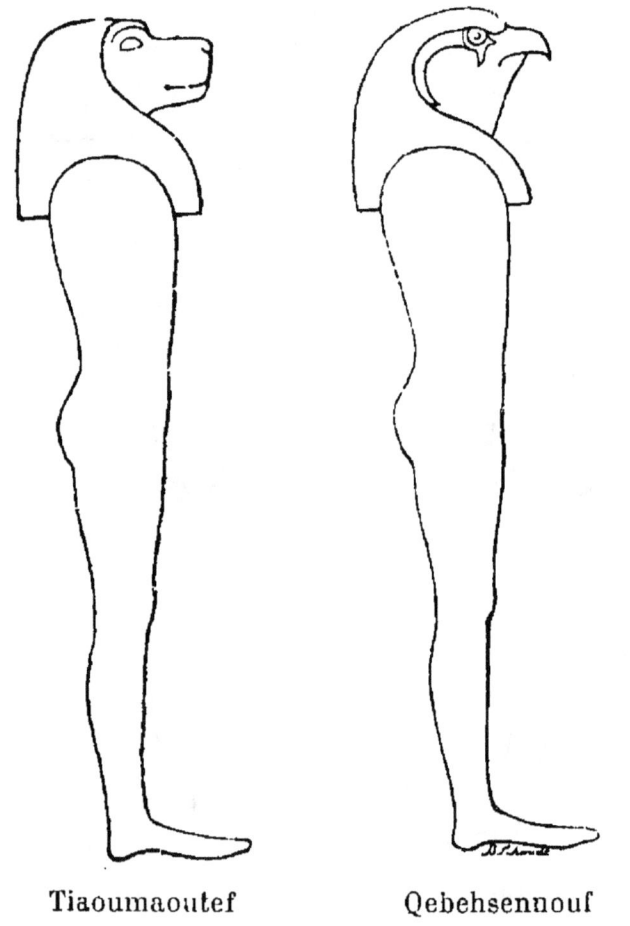

Tiaoumaoutef   Qebehsennouf

nez et qui perforait l'os ethmoïde, ou par une cavité faite au dessus de l'arcade sourcilière. Puis on mettait le corps tout entier dans un bain de natron chauffé qui desséchait les chairs et les salait en quelque sorte. Quand on le retirait, on le revêtait alors de bandelettes de coton, ou quelquefois de lin, en ayant soin de faire ressortir les rotondités du corps et de lui donner le même aspect qu'il avait eu pendant la vie. Quelquefois, surtout aux basses époques, on recouvrait la figure d'un masque d'or qui moulait en quelque sorte le visage. Puis, quand on avait fini d'embandeletter le cadavre en le couvrant d'amulettes et de papyrus chargés de le rendre vainqueur de ses ennemis et de le débarrasser de leurs ruses, en lui apprenant les mots de passe, on le renfermait dans sa boîte, s'il était riche, et alors on le déposait soit dans sa maison, soit dans un tombeau, si la faveur du roi lui en avait octroyé un. Primitivement un très petit nombre d'Egyptiens jouissaient de la grande faveur de posséder un tombeau, car le Pharaon seul pouvait accorder cette récompense signalée à ceux qui s'en étaient rendus dignes par leurs services ; mais vers la XVIIIe dynastie, le tombeau de privé qu'il était, devînt commun à toute la famille à laquelle appartenait le membre qui l'avait mérité. Mais, à toutes les époques, de beaucoup le plus grand nombre des Egyptiens reposait dans leur maison, dans la cour qui s'étendait en avant ou dans une niche ménagée dans un mur, comme les grandes familles romaines faisaient pour les cendres de leurs morts, et cet usage avait persisté jusqu'au iv⁰ siècle de notre ère : ce qui permettait de donner en gage à ses créanciers la momie de son père, ainsi que le dit Diodore de Sicile. Mais cet enterrement, soit dans le tombeau, soit dans la maison, ne pouvait avoir lieu que pour ceux qui avait été assez riches pour payer les frais de l'embaumement ; les humbles de la société égyptienne, et c'étaient au moins les neuf dixièmes de cette société, étaient jetés dans le sable, comme c'est encore la coutume aujourd'hui, et les chacals venaient les dévorer pendant la nuit lorsqu'ils n'avaient pas été recouverts assez profondément. Le culte des morts, dans la société égyptienne, comme chez les Grecs et les Romains, consistait à offrir à certains jours fixes, ce dont le mort était censé avoir besoin pour continuer sa vie dans les enfers ; habituellement le fils aîné était chargé du soin de ce culte, mais quelquefois le mort de son vivant avait pris la précaution de fixer lui-même le culte qu'on devait lui rendre et d'en régler les particularités. De très hauts personnages pouvaient seuls se permettre cette précaution.

Il n'en était point du culte des dieux comme du culte des morts ; celui-ci, né plus anciennement, se contenait dans la famille et ne demandait qu'un très petit nombre de personnages extérieurs;

celui-là au contraire, à mesure qu'il s'était développé, avait demandé un nombre considérable de prêtres. Ces prêtres devinrent si riches et si puissants par suite des donations qu'on leur faisait et des empiètements dont ils étaient coutumiers, qu'ils contrebalancèrent le pouvoir des Pharaons et finirent par les supplanter. Ils avaient des familles nombreuses et pratiquaient admirablement le népotisme. Quel était l'ordre de ce sacerdoce ? c'est ce qu'on ne sait pas encore d'une manière suffisante ; ce que l'on sait, c'est que la famille des prêtres d'Amon, à Thèbes, détrôna les Pharaons à la xxiie dynastie, et j'ai moi-même pu suivre la filiation des prêtres de Montou dans la même ville pendant près de six ou sept siècles. Le sacerdoce égyptien subsista longtemps après que l'empire des Pharaons se fut évanoui et nous en trouvons encore des représentants jusqu'au sixième siècle de notre ère, alors que les Blemmyes venaient chaque année au temple de l'Isis de Philée célébrer la grande panégyrie de la déesse qu'ils adoraient.

Cependant à un moment donné les anciennes croyances de l'Egypte durent céder le pas aux nouvelles croyances que tout le monde adoptait, et, après la persécution de Dioclétien, ainsi que je l'ai indiqué au cours de ce résumé historique, l'Egypte devenait officiellement chrétienne, sans cependant abandonner les dogmes auxquels elle avait toujours cru, sans renier une seule des idées fondamentales de son ancienne religion et ayant converti le christianisme à ses idées, au lieu de convertir ses idées au christianisme. Je n'y insisterai pas plus longuement ici, puisqu'on trouvera la substance des principaux évènements de cette conversion au cours du résumé historique.

Les Arabes importèrent avec eux une nouvelle forme de religion. Au fond, l'Islamisme repose sur un dogme fondamental, la croyance en un seul Dieu de nature spirituelle, tout-puissant, qu'ils ont pris dans les livres hébreux, et dans la ferme persuasion que Mahomet, ou mieux Mohammed, fut son prophète, en témoignage de quoi il a fait les prodiges que raconte le Coran. Ces prodiges nous semblent bien sujets à caution ; mais les Arabes sont persuadés de leur réalité, et de même que nous rions des miracles du Coran, les musulmans rient des miracles de l'Evangile. Sa morale consiste en certaines pratiques de propreté et d'hygiène morale, accompagnées de prières : la prière est une grande chose pour un bon musulman, et rien ne saurait faire comprendre l'importance qu'il y attache. A cela se borne presque l'Islamisme, quoique le Coran répète, comme tous les autres livres sacrés, les grands mots de justice, de charité, sans compter l'Enfer et le Paradis. Comme le Prophète s'adressait à des hommes grossiers, à peine initiés à la civilisation, ayant des coutumes nomades, il vit bien que leur intelligence ne pourrait s'élever à la compréhension des dogmes compliqués, et il saisit avec un génie très pratique ce qu'il leur fallait : Dieu est Dieu, et Mohammed est son prophète. Chez lui la foi avant tout ; le musulman, c'est-à-dire le fidèle, prime tous les autres peuples, il est assuré de son salut par la seule foi. Cependant, comme il faut en toute société un minimum de lois qui doivent être observées sous peine de voir cette société verser dans l'anarchie la plus barbare et disparaître bien vite, le Coran contient quelques préceptes de facile observation touchant les devoirs premiers de toute société, et tout le reste est licite au musulman. Sans doute, les autres hommes, les infidèles, comme on les appelle, pourraient se prévaloir de cette permission accordée aux fidèles ; mais, par le fait seul qu'ils sont infidèles, ils ne peuvent prétendre aux biens des vrais croyants, et il est licite, même recommandé, de les exterminer jusqu'au dernier. Avec de tels enseignements, il n'est pas surprenant que l'histoire d'Egypte, à partir de la conquête arabe, soit ce que le lecteur la verra. L'Islamisme fut certainement un progrès pour les races auxquelles il fut prêché ; mais il est certainement une honte pour l'humanité, et actuellement les chasseurs d'esclaves dans le centre de l'Afrique se chargent de le démontrer. Il est réfractaire à toutes nos idées de progrès et se complaît dans la stagnation la plus complète. Quand on parle d'assimiler les musulmans aux Européens, c'est peut-être l'effet d'une noble illusion ; mais assurément on ne sait pas ce que l'on dit. Pour assimiler le musulman aux Européens, il faudrait lui faire comprendre que sa condition est inférieure ; or, il se croit bien supérieur à toutes les nations infidèles qui peuplent l'Europe. Ceux qui entreprennent de le convertir n'en viendront jamais à bout, puisqu'il est défendu en pays musulman de faire quelque tentative que ce soit pour une conversion, sous peine de mort pour le converti et pour le convertisseur. Si la civilisation arabe, comme on l'appelle, a un moment jeté quelque éclat, elle le doit aux conversions qu'elle opéra parmi les chrétiens : ce sont les Syriens, les Coptes et autres chrétiens qui furent les promoteurs de l'époque brillante à laquelle l'Européen pense toujours dès qu'on parle de l'Islamisme. Il se fait une idée de l'Islamisme exactement semblable à celle qu'on emporte de l'Opéra-Comique, quand on y joue quelque pièce se passant en pays musulman.

Malgré sa rigidité, l'Islamisme a cependant eu ses hérésies, comme la secte de 'Aly ; il est de plus divisé en plusieurs sectes, comme les Schaféites, les Hanéfites, les Malékites et les Hanbalites. Chacune de ces sectes s'anathématise réciproquement, et leurs membres se considèrent comme les seuls orthodoxes. Outre ces quatre grandes divisions des sectateurs de l'Islamisme, il y a aujourd'hui quantité de sociétés secrètes dont les adeptes ont la religion comme prétexte et l'indépendance politique comme but. Je n'insisterai pas davantage sur ce sujet qui est brûlant. L'Egypte, par ses anciennes doctrines toujours vivantes, y a pu échapper, et je ne dois m'occuper que de l'Egypte. Cette position particulière de l'Égypte est digne d'attention : si le fanatisme musulman n'a pas prévalu autant dans la vallée du Nil que dans les autres pays, je crois fermement que cela provient de ce fait que l'Égypte a traversé toutes les périodes et toutes les religions sans jamais perdre la foi à ses anciens dogmes : cette foi peut n'être pas visible aux yeux du vulgaire, mais elle existe au fond du cœur des Égyptiens.

Ce que j'ai dit des croyances religieuses de

l'Egypte à l'époque ancienne a dû montrer au lecteur, quelle influence ce pays a exercée sur nos idées actuelles : nous ne devons pas trop nous enorgueillir de nos découvertes philosophiques, puisque ces découvertes avaient été faites en Egypte au moins dix-huit siècles avant Jésus-Christ.

Horus-embryon, sur les crocodiles

III

Arts, sciences et littérature

L'Egypte fut amenée tout naturellement à pratiquer les arts en l'honneur des dieux qu'elle s'était formés. Quand l'idée de Dieu se fut un peu tirée de la bassesse primitive et commença de prendre l'essor que l'on a vu, le peuple Egyptien se dit qu'il devait loger magnifiquement l'image de ce Dieu et ce Dieu lui-même, non pas dans les maisons de boue qui lui suffisaient, mais en des temples magnifiques. Il exécuta son dessin, et ses *maisons de Dieu* sont encore debout pour nous montrer quelles furent sa foi et son habileté. Les premiers exemplaires des temples égyptiens ne nous sont point parvenus ; ils devaient être bâtis en briques, et les monuments en briques ont été détruits. Mais dès la xiie dynastie, et surtout à la xviiie et à la xixe dynastie, nous trouvons des spécimens de l'art égyptien, sous toutes ses faces, et même dès le plus ancien empire nous pouvons l'admirer dans les tombeaux.

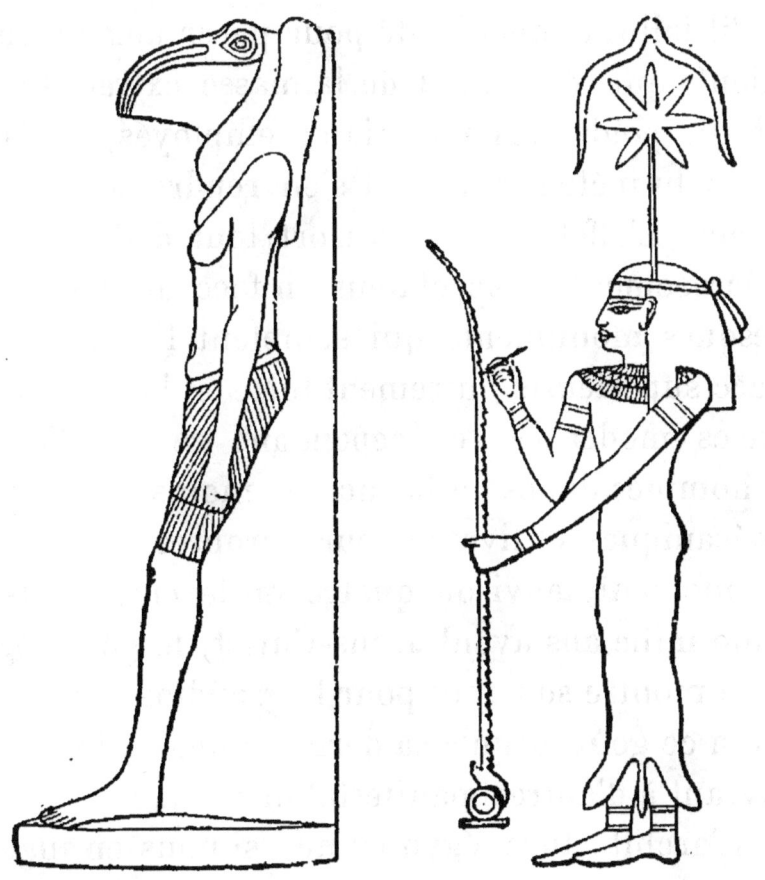

Thot, dieu des Lettres   Safekh, déesse des Lettres

Les plus anciens monuments qui nous soient parvenus de l'architecture égyptienne sont les pyramides. Enormes, elles ont toujours stupéfié ceux qui les ont vues, et c'est vraiment un spectacle digne de l'enthousiasme qu'il a suscité. Ce qu'il fallut d'habileté aux architectes égyptiens pour bâtir ces pyramides, avec leurs corridors ascendants et descendants, leurs chambres, ce qu'il fallut d'ingéniosité pour parer aux inconvénients qui résultaient de la masse extraordinaire et du poids des matériaux employés, seuls les gens du métier pourront s'en rendre un compte exact. L'effet qui en ressort tout d'abord, c'est l'écrasement du spectateur en face de ces gigantesques monuments qui semblent l'œuvre d'une race supérieure, autrement forte et habile que les races modernes, et cependant ce fut l'œuvre d'hommes doués de beaucoup moins de moyens mécaniques et livrés à leurs propres forces. Dès ce moment, environ quatre mille cinq cents ou cinq mille ans avant Jésus-Christ, le génie égyptien montre son goût pour le grandiose. Il conservera ce goût jusqu'à sa dernière heure, tout en se livrant à d'autres manifestations.

L'architecture égyptienne, si nous en jugeons parce qui en reste aujourd'hui, se manifesta plus par des œuvres funéraires que par d'autres monuments. Les Pyramides sont des tombeaux, et de même aussi ce qu'on appelle les *mastabas* de l'Ancien Empire. Ces mastabas, ou bancs, sont ainsi nommés de la surface plane que présentait leur partie extérieure et sur laquelle on pouvait s'asseoir. Sa partie intérieure se composait d'une ou de deux salles, dont le plafond est quelquefois soutenu d'un pilier avec un puits menant à la salle où l'on déposait la momie, et d'un couloir nommé *serdâb*, suivi d'un petit réduit qui était soigneusement caché dans l'intérieur de la maçonnerie et qui était destiné à contenir les statues du défunt. Dans ces sortes de tombeaux on trouve déjà employée la voûte en briques pour former au-dessus du cercueil comme une défense qui empêchait le pillage du défunt. Sous la vi⁰ d'ynastie, les piliers massifs deviennent des colonnes de diverses sortes avec abaques et chapiteaux. A la xii⁰ dynastie, on trouve à Béni-Hassan des colonnes cannelées à seize pans qui sont le prototype de la colonne dorique. Vers la même époque, les tombeaux d'Abydos nous montrent comment on abandonna peu à peu la forme pyramidale pour une forme plus commode, parce qu'elle était moins gigantesque. Ces mêmes tombeaux nous font voir, trois mille ans au moins avant Jésus-Christ, l'emploi courant du plein cintre et de l'ogive dans l'architecture égyptienne. Le tombeau tendait de plus en plus à devenir une maison de mort qui fît le pendant de la maison où s'était écoulée sa vie ; aussi son nom le plus fréquent était celui de *maison d'éternité*. Mais il il ne prit guère son complet développement que sous le nouvel Empire thébain, de la XVIIe à la XXIe dynastie. Ce fut alors que les architectes égyptiens, creusèrent dans la montagne ces monuments étonnants que l'on admire encore dans la nécropole thébaine, surtout les tombeaux des Pharaons dans la vallée de Biban-el-Molouk. Mais soit qu'ils aient regardé la colonne cannelée et à chapiteau lotiforme comme peu sévère pour leurs maisons d'éternité, soit pour toute autre cause que nous ne connaissons pas, ils ne l'employèrent plus dans les constructions funéraires et la réservèrent uniquement pour la construction des grands temples élevés en l'honneur de leurs dieux.

En effet, à partir de la XVIIe dynastie jusqu'à la conquête romaine, l'architecture égyptienne se donne libre carrière dans la contruction des grands temples de Karnak, de Louqsor, du Ramesséum, du Memnonium, de Médinet-Habou, de Gournah, de Deir-el-bahary et de Deir-el-medinet à Thèbes, d'Abydos, de Dendérah, d'Edfou, de Philée, sans compter ceux qui sont complètement détruits et le Sérapéum de Memphis, en entier creusé dans le roc, sans compter aussi ceux que l'art égyptien sema dans les déserts de la Nubie, comme Abousimbel, Dendour, Ouady-Halfa, et surtout Méroë et Napata. La plupart de ces temples sont encore debout pour témoigner de l'habileté des architectes égyptiens. Le voyageur qui se trouve au milieu de la forêt de colonnes de ce qu'on nomme la salle hypostyle de Karnak, se sent écrasé par la majesté simple de cette admirable et imposante partie du temple. De même, lorsqu'on entre dans l'édifice par le pylône qui le précédait, après avoir parcouru l'avenue des Criosphinx qui conduisait à la demeure d'Amon. Partout où existe un temple égyptien, on se sent confondu devant la grandeur énorme des matériaux employés et le but poursuivi. L'Egyte n'avait point perdu le goût du gigantesque et du grandiose, elle s'était seulement assagie. On peut surtout juger d'un temple égyptien à Dendérah, à Edfou et à Philée où les édifices n'ont point été ruinés, et on se fera une idée complète, de ce qu'était le temple de la divinité en Egypte, bien que ces trois temples datent de l'époque ptolémaïque. Le temple égyptien se compose en général de quatre parties : d'abord le pylône par lequel on entrait ; secondement d'une cour entourée de portiques, qu'on appelle salle hypéthre, parce que le peuple s'y pouvait réunir sous le ciel en tous temps ; troisièmement d'une ou plusieurs salles à colonnes dans lesquelles les prêtres et fidèles s'assemblaient à certains jours fixes et en certaines occasions particulières, c'est ce qu'on appelle salles hypostyles ; quatrièmement, enfin du sanctuaire autour duquel étaient rangées les chambres des accessoires. En avant du pylône se trouvaient les obélisques qui se dressaient de toute leur hauteur, précédés eux-mêmes de la large avenue de sphinx ou de béliers, où les longues théories du culte égyptien pouvaient se déployer à l'aise aux jours de fête. Non loin du temple se trouvait habituellement le lac sacré dans lequel ou autour duquel avaient aussi lieu certaines cérémonies.

Cette architecture est sans contredit majestueuse, colossale ; mais on trouvait aussi autrefois des petits temples qui rappelaient assez bien le temple périptère des Grecs, et les architectes grecs avaient pu sans aucun doute y prendre le modèle du plan de leurs édifices en l'améliorant, puisque les monuments égyptiens dont je parle datent de la xviiie dynastie, c'est-à-dire de dix-huit siècles environ avant notre ère. En résumé, si l'on veut examiner pièce par pièce les composants du temple grec, on verra facilement que toutes elles avaient été trouvées avant leur emploi par les Grecs, que ceux-ci n'ont rien inventé, mais seulement perfectionné ce qu'ils avaient vu en Egypte ; il est juste d'ajouter qu'ils l'ont perfectionné avec un art tel qu'on peut à juste titre dire qu'ils l'ont renouvelé. Mais il n'en est pas moins vrai que, jusqu'à présent, les Egyptiens en peuvent être regardés comme les inventeurs.

Les autres arts étaient mis à contribution pour l'ornementation des monuments construits par l'architecture. Je ne m'appesantirai pas sur ce sujet et je me contenterai de dire que la sculpture surtout a produit en Egypte des chefs-d'œuvre vraiment extraordinaires, si l'on fait attention à l'époque où ils ont été faits. La sculpture égyptienne se divise en effet en trois grandes périodes, la sculpture antique, la sulpture du nouvel Empire thébain et la sculpture de la renaissance saïte. L'ancien Empire cultiva la sculpture sur bois et sur pierre : la première a produit l'immortel chef-d'œuvre de la statue de Ramké, plus connu sous le nom de Scheikh-el-beled que lui donnèrent les ouvriers qui le trouvèrent, parce qu'il ressemblait au *Scheikh* de leur village ; la seconde a produit celles de Khafrâ au musée de Gizeh, le scribe accroupi du Louvre et une foule d'autres monuments que le voyageur pourra admirer au musée de Gizeh, ou que le simple lecteur peut voir au musée du Louvre. La caractéristique de l'art à cette époque, c'est le réalisme, mais un réalisme qui devait être de très bon ton dans la société contemporaine. Certaines de ces statues sont taillées dans les matières les plus dures, comme la statue de Khafrâ qui est en diorite, et, malgré la dureté extraordinaire de la matière, la figure est d'une expression extraordinaire dans sa calme attitude, et les détails anatomiques de certaines parties du corps sont très finement étudiés.

Sous le nouvel Empire thébain, la statuaire devient en quelque sorte plus abordable pour le commun des sculpteurs, qui acquièrent une habileté vraiment étonnante. C'est l'époque de la statue en albâtre de Ramsès II, laquelle se trouve au Louvre en haut du grand escalier ; c'est surtout l'époque des énormes colosses, comme la statue colossale du même Ramsès II qui se trouvait couchée jadis dans un fossé de Mît-Rahineh, sur le sol de l'ancienne Memphis, et que des Anglais ont relevée ; des statues qui décorent encore aujourd'hui la plaine de Thèbes, et dont l'une était la célèbre statue vocale de Memnon, dont ont tant parlé les voyageurs grecs, et dont Letronne a parfaitement expliqué l'étonnant phénomène qu'elle présentait aux gens peu clairvoyants ; l'époque encore des énormes colosses taillés dans les rochers d'Ipsamboul, en Nubie. C'est aussi celle des grands bas-reliefs qui décorent les parois des temples, comme ceux qui chantent les victoires de Séti Ier à Karnak, de Ramsès II à

Louqsor et au Ramesséum, de Ramsès III à Médinet-Habou, ou qui représentent des scènes d'un autre genre, comme la naissance d'Aménophis III à Louqsor, ou Ramsès III dans son harem à Médinet-Habou. Le dessin de ces bas-reliefs peut être primitif, peu exact, et offrir des monstruosités, il n'en donne pas moins une idée vivante de ce que l'on voulait représenter : aujourd'hui certes le dessin est bien plus pur, bien plus juste ; mais il a encore certaines conventions qui, pour être différentes des conventions égyptiennes, n'en sont pas moins des conventions, et il n'est pas plus expressif dans la vie de ses personnages.

Sous la xxvie dynastie, la sculpture tente une sorte de renaissance : ses œuvres sont plus jolies, plus gracieuses, on a abandonné les grands colosses pour se consacrer à des œuvres plus humaines. Cette époque a produit quelques statues remarquables, comme la statue en albâtre de la reine Ameniritis, au musée de Gizeh. Mais l'art devient beaucoup moins profond, s'il s'étend en surface et s'adresse à un plus grand nombre de gens. Cependant, sous les Ptolémées, on faisait encore des bas-reliefs admirables, notamment le célèbre portrait de la reine Cléopâtre sur les murs extérieurs du grand temple de Dendérah. C'est à cette époque de renaissance que la sculpture sur métal prit un immense essor, dont bénéficient aujourd'hui les musées et les collectionneurs de toutes les parties du monde. Mais, somme toute, à cette époque la sculpture égyptienne n'est plus que l'ombre d'elle-même : le peuple égyptien est fini et mûr pour l'asservissement.

La peinture ne fut pas portée en Egypte à une aussi grande perfection que la sculpture ; les défauts du dessin et le manque de perspective ont toujours empêché que les Egyptiens sussent grouper leurs personnages et ordonner un tableau ; mais ils ont su en revanche avoir des couleurs qui ont bravé le temps et qui sont parvenues jusqu'à nous presque aussi vives que le jour où elles furent appliquées à l'ornementation des temples et des tombeaux. Les Egyptiens avaient parfaitement trouvé le secret de fabriquer des couleurs en se servant de l'oxydation des métaux : le fait est bien démontré aujourd'hui. Ils n'ont guère employé leurs couleurs éclatantes et durables que pour le plaisir des yeux, et certains des tableaux que l'on trouve dans les hypogées, surtout quand le peintre a représenté des animaux, ont amplement atteint le but cherché. Dans une sorte de peinture ils ont été de plus sans rivaux, à savoir dans le dessin d'ornementation revêtu de couleurs ; leur pinceau était souple et délié autant que leur imagination créatrice et riante, et certains des plafonds qu'ils nous ont laissés peuvent toujours être regardés comme des chefs-d'œuvre.

Les arts du dessin ne sont pas les seuls qui aient été cultivés par les Egyptiens, ils ont aussi parfaitement su travailler l'or et l'argent ; ce sont eux qui ont inventé certaines formes de bijoux restées identiques jusqu'à notre époque, et en regardant les vitrines du Palais-Royal on ne soupçonne guère d'habitude que nous devons le charme de nos bijoux à l'Egypte. Le voyageur peut admirer au Louvre comment les Egyptiens savaient sertir les pierres précieuses dans l'or, et les bijoux de la reine Aahhôtep, conservés au musée de Gizeh dont ils sont l'ornement, lui fourniront une preuve péremptoire de la très grande habileté des orfèvres égyptiens.

Dans un autre ordre d'idées, les Egyptiens cultivaient avec amour la musique, le chant et la danse. Dès les plus anciens temps, on voit dans les représentations des tombeaux des chœurs de musiciens et de danseuses qui étaient employés à charmer les loisirs du maître. Presque tous les instruments aujourd'hui usités en Egypte étaient connus de l'Egypte ancienne : les instruments les plus simples d'abord, comme la daraboukah, le sistre, le tambour, les cymbales, les crotales, le tambour de basque ; puis des instruments qui sont le fruit du progrès de la civilisation et qui demandent une véritable habileté pour que l'on puisse en tirer parti, comme le rebâb (sorte de violon monocorde), la guitare, la harpe, la flûte simple, la double flûte, la lyre, le *kanoun*, que l'on trouve représenté dans certains monuments, tenu sur les genoux comme les musiciens de l'Egypte le tiennent encore actuellement. Le chant était aussi cultivé avec passion, et, si l'on en juge par certains airs encore usités de nos jours, il ne ressemblait point toujours à ce que nous nommons aujourd'hui musique arabe. Les danses, nous le savons pertinemment, étaient voluptueuses et lascives autant que les danses modernes que nous avons pu voir pendant l'Exposition universelle de 1889, notamment la fameuse danse du *ventre* : les Egyptiens, habitués dès leur plus jeune âge à se voir servi par des esclaves qui n'avaient d'autre habillement qu'une ceinture de cuir large de trois ou quatre doigts, aimaient à voir la forme des chairs sous la transparence des fines étoffes, quand les danseuses portaient des habits. La musique, le chant et la danse étaient l'accompagnement obligé des grands festins, et de nos jours encore, si l'on veut honorer un hôte de distinction, on ne sait rien faire de mieux que de lui donner le spectacle de la danse accompagnée de chant et de musique. Les récits des voyageurs sont pleins de la description des danses des almées.

Les arts ne vont pas d'habitude sans la science, et les Egyptiens ont une grande part dans les premiers progrès humains vers les sciences exactes ou naturelles. Ils furent amenés tout naturellement, après avoir inventé le calcul, à inventer aussi la géométrie ; il faut bien qu'ils y eussent fait certains progrès puisque leurs architectes employaient le demi-cercle et l'ogive. De même, pour bâtir les pyramides, il fallait avoir plus que des éléments de statique et de mécanique. Sans doute, ces connaissances des anciens Egyptiens n'étaient pas strictement réduites en science ; mais elles étaient extraordinairement précieuses et devaient donner lieu à la création de la science. De même, ils avaient des connaissances en histoire naturelle, ils avaient eu les premiers l'idée d'acclimater dans leur pays certaines essences rares qui étaient originaires d'autres contrées et d'en tirer profit pour leur industrie. De même encore en médecine, ils avaient certaines connaissances qui n'étaient point empiriques ; l'habitude d'embaumer les cadavres les avait conduits à en connaître jusqu'à un certain point l'anatomie et l'on a cru remarquer dans certaines momies la preuve que les médecins de l'Egypte savaient lier les membres fracturés et les remettre en leur premier état. En un mot, ils ont eu des notions plus précises que tout autre peuple de l'Ancien Monde sur quantité de choses qui les intéressaient. Je ne veux point oublier ici l'astronomie et le comput des années : les astronomes égyptiens étaient célèbres dans l'antiquité, et la manière de compter les années était trouvée dès la xiie dynastie, je veux dire que les Egyptiens connaissaient parfaitement l'année solaire vague ; même ils en étaient arrivés au temps des Ptolémées à l'année solaire fixe de 365 jours 1/4, et c'est en Egypte que Jules César prit l'idée de la réforme qui porte son nom. Par conséquent sur ce point encore les Egyptiens ont été nos éducateurs et nos maîtres.

La littérature proprement dite était cultivée avec amour par les scribes égyptiens, qui nous ont laissé des documents de leur goût littéraire, dans presque tous les genres que nous aimons aujourd'hui. La poésie lyrique nous offre des modèles dans les grands hymnes religieux, tels que l'hymne de Boulaq et le curieux hymne que le Pharaon Aménophis IV avait fait graver dans les tombeaux ; la poésie épique peut revendiquer le poème dans lequel le scribe Pentaour chante les exploits de Ramsès II contre les Khétas sur le champ de bataille où, surpris par les ennemis et abandonné de ses guerriers, il arrête à lui seul la multitude de ses adversaires ; le style épistolaire nous a laissé quantité de lettres de tout genre ; la satire est représentée par ce qu'on appelle avec raison la *satire des métiers*, où le poète peint et exagère les inconvénients de tous les métiers pour faire ressortir la beauté de la profession de scribe qui mène à tout ; l'éthique peut revendiquer tout un groupe d'écrits, tels que les Préceptes de Petahhôtep, ceux du roi Amenemhat, ceux de Khonsou hôtep qui marquent autant d'étapes diverses dans le progrès moral de la nation égyptienne ; enfin, le récit romanesque, est représenté par les contes que les Egyptiens aimaient par dessus tout, par simple amour du romanesque, ou par suite du plaisir qu'ils éprouvaient à adresser des critiques aux puissants ou de tourner certaines classes en ridicule. Ces contes qui ont été publiés par M. Maspero sont relativement nombreux, ils devaient l'être bien plus autrefois. Même encore aujourd'hui ils sont amusants à lire ; le roman des deux frères, le conte du prince prédestiné, celui de Satni, le conte du paysan, et d'autres encore, nous en apprennent plus sur les mœurs de l'Egypte et par conséquent sur sa véritable histoire que les monuments dits historiques.

Ce goût des anciens Egyptiens pour le romanesque est passé chez leurs descendants, les Coptes, qui nous ont aussi laissé une moisson autrement ample de semblables récits ; ils ont inventé des personnages qui ont su forcer l'entrée du calendrier romain et des martyrologes, qui ont pris dans les croyances populaires une place importante et qui, comme St-Georges, n'ont jamais eu d'autre réalité que dans l'esprit des conteurs coptes. Non content des innombrables légendes que pouvaient leur fournir les actes de leurs martyrs et qu'ils ont en effet traitées de toutes les façons, ils ont encore voulu traiter à leur manière les légendes des autres peuples, par exemple celles d'Œdipe, de Salomon et de la reine de Saba, et un grand nombre d'autres. Pour eux le récit n'a de mérite que s'il est noyé dans les évènements les plus extraordinaires, les plus impossibles, et ils ne se gênent pas le moins du monde pour faire intervenir Jésus le Messie, comme ils disent, et ses Anges qui agissent comme de simples humains. La littérature copte nous offre en outre deux sortes d'œuvres dont ne nous a point donné d'exemples l'ancienne littérature égyptienne, les biographies et les discours. Les biographies sont des récits simples, mais déjà faits avec un certain art pour laisser de côté ceux des évènements qui gênent l'auteur et s'attacher à ceux qui feront ressortir davantage ce qu'il veut inculquer à ses lecteurs. Les sermons, car nous n'avons pas d'exemple de discours qui ne soient pas religieux, sont des œuvres qui n'offrent pas un grand intérêt, sauf ceux du moine Schenoudi qui sont vibrants de passion. Les biographies les plus célèbres sont les *Vies* de Pakhôme, de Macaire, de Schenoudi, de Jean de Lycopolis, d'Antoine, de Paul le premier ermite, etc. J'ai moi-même publié à la librairie qui édite cet opuscule un recueil de légendes et de romans de l'Egypte chrétienne, sous ce titre : *Contes et Romans de l'Egypte Chrétienne*, en deux volumes.

Portrait de Schenoudi
(D'après un manuscrit de la Bibliothèque nationale)

IV

Industrie

Il serait bien surprenant qu'un peuple qui a connu et pratiqué les arts, les sciences et a eu le goût de la littérature sous presque toutes ses formes, ait pu vivre sans une industrie perfectionnée en rapport avec ses arts, ses sciences et sa littérature. Le fait est même complètement impossible : aussi les Egyptiens ont-ils connu l'industrie dans son sens le plus étendu comme le plus spécial. Ils avaient dès la plus haute antiquité presque tous les métiers que nous connaissons aujourd'hui. C'est ici surtout que je dois me contenter de décrire en gros l'état de l'Egypte au point de vue industriel, sans m'arrêter à des détails qui ne seraient pas de mise dans ce simple résumé.

L'agriculture était florissante en Egypte, pour

la simple raison que, l'eau étant abondante et le soleil chaud, l'homme était bien payé de ses travaux, et non parce que le Nil charriait un limon qui engraissait le sol, comme on le croit d'ordinaire. Mais les Egyptiens surent de très bonne heure aider la nature, d'abord en multipliant les canaux d'irrigation qui permettaient d'ensemencer une plus grande surface de terrain et en inventant les instruments nécessaires au labour, en apprivoisant les animaux qui faisaient le travail qu'ils n'auraient pu faire qu'avec de grandes peines. C'est ainsi que, se servant d'abord du simple hoyau pour préparer les terres qu'ils devaient ensemencer, ils s'imaginèrent d'allonger le manche de ce hoyau et d'y atteler d'abord des hommes, puis des animaux apprivoisés, et lui donnèrent les perfectionnements qu'exigeaient cette transformation. Les Egyptiens n'eussent-ils fait qu'inventer la charrue qu'ils mériteraient la reconnaissance de l'humanité tout entière ; mais cette reconnaissance, on l'accorde d'ordinaire à la Grèce et au légendaire Triptolème, alors que les Grecs n'étaient pas encore en Europe à l'époque à laquelle les Egyptiens inventèrent ce précieux moyen de creuser les flancs nourriciers de la terre. Les principales opérations de notre agriculture étaient déjà connues en Egypte, comme le voyageur pourra s'en convaincre, s'il veut se donner la peine d'examiner les peintures des tombeaux ; par conséquent les instruments que nécessitent ces diverses opérations étaient possédés par les Egyptiens, notamment la faucille qui avait à peu près la forme des faux modernes usitées dans nos campagnes françaises. Il n'est point étonnant après cela que l'Egypte, favorisée par son fleuve et par son climat, assidue aux travaux de l'agriculture, soit devenue le grenier du monde entier.

Les métiers qui travaillent le bois, ceux qui travaillent la pierre, d'après ce que j'ai dit en parlant de l'architecture et de la sculpture, étaient connus et pratiqués en Egypte avec une rare perfection. De même le travail des mines et des métaux : non seulement les Egyptiens connaissaient les principaux métaux dont on se sert dans la vie ordinaire, savaient les extraire, mais aussi ils savaient parfaitement les transformer en leur faisant subir les opérations préliminaires. Ils avaient inventé le soufflet du forgeron, et peut-être déjà la soupape, quoique ce dernier fait ne soit pas certain. Ils savaient aussi fabriquer les briques et les estampiller. Les métiers du cordonnier, du charron, du tourneur, du tapissier, du teinturier, du tisseur d'étoffes étaient portés à une perfection qui fait encore l'admiration de ceux qui peuvent juger les objets de fabrique égyptienne. Les toiles, notamment, étaient tissées avec une perfection extraordinaire ; la tapisserie naissait et avait déjà franchi les premiers échelons de l'échelle industrielle. Les Égyptiens connaissaient l'art de travailler le verre et nous ont laissé de leur habileté sur ce point des spécimens charmants. Ils savaient graver les pierres les plus dures avec une habileté surprenante et que nous n'avons que très peu dépassée. Dans un autre ordre d'idées ils savaient confectionner avec les produits de l'agriculture toutes sortes de bonnes choses dont ils se délectaient ; la cuisine était portée par eux à une perfection qui étonnait beaucoup le roi de Sparte Agésilas, accoutumé à son brouet noir. Ils savaient l'art de fabriquer le miel, l'huile, les parfums les plus compliqués. En un mot, tout ce que l'homme pouvait inventer pour se rendre la vie agréable, ils l'avaient inventé. Les femmes surtout connaissaient tous les secrets de venir en aide à leur beauté naturelle. Il ne faudrait pas cependant conclure de ce qui précède que les Egyptiens étaient plus avancés que nous, comme le font quelquefois certains esprits chagrins ; il faut au contraire croire que nous avons progressé et que nos progrès se sont exercés à la fois en compréhension et en extension, c'est-à-dire que nous sommes plus avancés et surtout que les effets de nos progrès matériels s'appliquent à un nombre d'individus infiniment plus grand. C'est du reste la loi qui régit l'histoire du développement humain : un peuple qui n'avance plus est fatalement condamné à disparaître ; c'est ce qui est arrivé pour l'Egypte.

L'industrie qui demeure hermétiquement close dans un pays ne tarde pas à disparaître ; pour qu'elle puisse vivre il faut que le commerce lui donne la liberté de faire des échanges et lui procure les matières premières qui lui sont nécessaires. L'Egypte n'a jamais été le pays fermé qu'on l'accuse d'avoir été, elle ne prohibait son approche qu'à certains peuples qui lui venaient des îles du Nord, c'est-à-dire des îles de la Méditerranée et de la Grèce, et encore ce ne fut guère que dans une pensée de défense. Dès la VIe dynastie, un explorateur égyptien s'enfonçait dans l'intérieur de l'Afrique ; dès la IVe dynastie, les Pharaons avaient fait connaissance avec les tribus qui occupaient alors le plateau du Sinaï et s'emparaient des mines qu'il renfermait. A la XIIe dynastie, on soumettait la Syrie et les tribus voisines qui étaient toujours prêtes à saisir l'occasion propice pour la ravager ; les tribus négroïdes de l'Ethiopée d'alors, ou du Soudan d'aujourd'hui, partageaient le même sort.

A la grande époque des conquêtes égyptiennes, non seulement la Syrie tout entière fut conquise jusqu'à l'Euphrate, mais explorée à fond, organisée ; les villes du littoral, qui faisaient le commerce avec les colonies qu'elles avaient pu fonder déjà, n'eurent garde de manquer l'occasion qui faisait d'elles le trait d'union de l'Egypte et de l'Occident ; les îles de la Méditerranée étaient visitées par un grand officier du roi Thoutmès III et il remplissait sa mission à la satisfaction de son maître qui lui témoignait sa reconnaissance en lui donnant un bassin d'or sur lequel était relatée son expédition et qui se trouve actuellement au musée du Louvre. D'un autre côté, sur les côtes de la mer Rouge, un champ nouveau s'offrait aux navigations des égyptiens : la reine Hatschopset, sœur de Thoutmès III, entreprenait sa célèbre navigation au pays de Pounet, selon les uns dans l'Arabie heureuse, ou plus sûrement sur les côte du pays des Gallas, au sud de l'Abyssinie actuelle et du détroit de Bab-el-Mandeb ; elle en rapportait des trésors vraiment extraordinaires, s'efforçait de les conserver en les acclimatant en Egypte et édifiait le temple de Deir-el-bahary pour perpétuer le souvenir de cette fructueuse et heureuse expédition. On ne resta pas inactif dans l'intérieur de l'Afrique et la puissance égyptienne s'y solidifiait. Le résultat de ces conquêtes et de ces expéditions nous est attesté par les tombeaux où nous voyons représentés les tributs qu'apportaient les indigènes des pays soumis à l'Egypte conquérante. Ce n'était pas là du commerce, mais les préliminaires du commerce, et sans le moindre doute le commerce s'exerçait à la faveur de ces conquêtes. Quand l'Egypte eut perdu sa force militaire et fut devenue conquise, de conquérante qu'elle était auparavant, elle conserva la supériorité de sa civilisation, de son industrie, et les peuples continuèrent à venir s'approvisionner chez elle de ce qu'ils désiraient : les grands agents de ce commerce d'exportation sont les Phéniciens, qui transportèrent sur tout le littoral de la Méditerranée les produits de l'Egypte, d'où ils se répandirent dans l'intérieur des terres, et qui lui empruntèrent leur alphabet. Avec la fondation d'Alexandrie, une plus grande activité est donnée aux opérations commerciales, on fait le tour de l'Afrique par deux fois, en partant de la mer Rouge, en doublant le cap de Bonne-Espérance, en remontant vers les colonnes d'Hercule pour entrer dans la Méditerranée et regagner l'Egypte : l'œuvre de Vasco de Gama était ainsi accomplie à rebours. Pour faire parvenir les marchandises de l'Extrême-Orient à Alexandrie, les

Egyptiens avaient les routes des caravanes, depuis les côtes où l'on débarquait jusqu'aux villes situées sur les rives du Nil d'où elles parvenaient à la ville d'Alexandrie. Nul pays n'était mieux situé que l'Egypte pour servir d'entrepôt au commerce de l'Europe avec l'Extrême-Orient et l'Afrique. Aussi en avait-elle le monopole. Ce monopole, elle le conserva jusqu'après l'arrivée des Arabes, qui le laissèrent cependant diminuer jusqu'au jour où la conquête turque vint presque l'anéantir, si bien que la population d'Alexandrie qu'on peut, sans crainte d'exagération, porter à 300000 habitants sous la domination grecque, était tombée à 6000 âmes à la fin du siècle dernier.

On peut voir ainsi que l'Egypte avait su, dès l'époque la plus ancienne, sortir des étroites limites dans lesquelles la nature l'a enserrée, se répandre au Sud vers le continent africain, comme à l'Est et à l'Ouest, et aussi au nord, dans la Méditerranée. Je n'ai nul doute sur la question de ses rapports avec l'Inde : l'Egypte était en relations directes avec l'Inde, du moins sous les Ptolémées, la chose est certaine ; elle l'était longtemps avant sans doute ; mais nous ne pouvons pas le démontrer par un texte précis. Elle avait dû remarquer de très bonne heure le phénomène de la mousson. En outre, au nord dans la Méditerranée, elle avait un moment tenu la domination de la mer, et cela ne saurait étonner quand on connaît la marine égyptienne. Les Egyptiens avaient en effet des navires de guerre de toutes les formes : ils n'avaient donc pas cette horreur de la mer qu'on leur a si généreusement prêtée.

Khôper

V

Gouvernement et administration.

Je vais, en terminant ce court aperçu de la civilisation égyptienne, dire quelques mots de sa constitution et de son administration politiques. L'Egypte, qui nous a déjà montré les voies qu'avait suivies la civilisation, va nous montrer encore celle que pratiquèrent généralement les associations politiques qu'on nomme peuples ou états. Les idées générales doivent seules trouver ici leur place; les particularités seront données au cours du résumé historique.

Dès 6000 ans avant Jésus-Christ jusqu'à la conquête persane, qui fut bientôt suivie de la conquête grecque, l'Egypte a été gouvernée par des rois qui ont tous porté le titre de Pharaon, mais elle passa par trois états bien différents. Sous l'Ancien Empire, elle fut organisée comme l'était la Gaule sous les rois de race mérovingienne ; le royaume se formait lentement au milieu des troubles et des révolutions qui renversèrent, les unes sur les autres, les neuf premières dynasties : les deux parties de l'Egypte luttaient l'une contre l'autre, à peu près comme la Neustrie contre l'Austrasie. A partir de la xe dynastie jusqu'à l'invasion des Hiqsos, la féodalité règne en Egypte comme elle régna chez nous ; les princes furent assurément de grands princes, mais ils avaient souvent des feudataires qui étaient presque aussi puissants qu'eux. La dix-septième dynastie qui vit l'expulsion des Pasteurs vit aussi l'introduction de la royauté personnelle et l'Egypte s'incarner comme pour ainsi dire dans la personne du Pharaon.

Le Pharaon, quelqu'il fut, se croyait issu de la famille du Soleil, il réunissait même en sa personne tous les titres qui avaient été autrefois autant de *totems* des tribus primitives, comme aujourd'hui encore chez les tribus indiennes de l'Amérique ; il était à la fois l'Epervier, le Taureau, le Vautour, le Serpent, etc. ; même, afin de se donner le droit de porter la couronne des deux Egyptes, celle du Nord et celle du Sud, il avait soin, quand une dynastie nouvelle se fondait, d'épouser une princesse de sang royal appartenant à la dynastie déchue, résumant ainsi en sa personne tous les droits apparents à la couronne. En effet, en Egypte, la femme pouvait régner au même titre que l'homme et les listes des Pharaons nous ont conservé le nom de reines qui ont gouverné l'Egypte et qui n'ont pas eu des règnes moins brillants que les hommes. D'ailleurs la descendance solaire de la famille Pharaonique, non plus que le soin que prenaient ses membres de la décorer de tous les noms royaux d'autrefois, n'empêchait pas les révolutions politiques ; il y avait toujours quelque ambitieux prêt à s'emparer de la couronne et à faire disparaître le roi qui le gênait : les plus grands princes, comme Ramsès III, n'échappèrent pas aux complots. On était quitte pour reprendre soi-même la tradition que l'on avait interrompue et peut-être l'on finissait par se croire issu de la famille du Dieu Râ, ou du Soleil.

L'administration gouvernementale de l'Egypte, on le comprend facilement, ne fut pas toujours égale. Je n'en veux point faire ici l'histoire, la prendre à son début pour la mener jusqu'au terme de sa carrière ; je veux simplement en dire assez pour en montrer en gros le mécanisme qui ressemblait aux rouages gouvernementaux en usage dans notre pays.

Le Pharaon avait sous lui un certain nombre d'officiers chargés des diverses parties de la haute administration ; ces officiers ressemblaient assez à nos ministres actuels. L'un était spécialement chargé du trésor, un autre des travaux publics qui ont toujours été en grand honneur en Egypte, un troisième veillait à l'armée qui jouait un si grand rôle. Sous ces ministres, il y avait une chancellerie formidable dont la nôtre ne peut donner qu'une faible idée, et c'est certainement de l'Egypte qu'est venue cette administration phénoménale qui a survécu à toutes les révolutions : d'Egypte elle pénétra à Rome, et c'est de là qu'elle nous est venue. A côté des ministres, le Pharaon avait son conseil particulier que l'on voit fonctionner plusieurs fois dans les occasions importantes et dont il attendait quelque bon avis pour le suivre ou ne le pas suivre, quand il n'avait pas le talent de faire connaître d'abord son dessein auquel tout le conseil se rangeait, s'il n'y avait pas parmi les membres de ce conseil quelque noble personnage qui préférait la vérité à la faveur du roi.

Il va sans dire que la cour pharaonique comptait des milliers d'individus, tous occupés à gagner faveur près du maître, aux mille intrigues d'une cour, surtout en ces temps primitifs. Certains signes distinctifs accompagnaient l'entrée des grands personnages dans les palais des Pharaons, et la plus grande faveur que pouvait obtenir un grand sous l'Ancien Empire, c'était de garder ses sandales en présence de Sa Majesté.

L'Egypte était divisée en deux grandes parties confiées à des gouverneurs, le Midi et le Nord. Chacune de ces deux parties était partagée en un certain nombre de divisions administratives qu'on appelle nomes, et qui ressemblent assez à nos départements français, sauf l'étendue. A la tête de chaque nome, il y avait un chef de nome, le nomarque. Ce nomarque, comme nos préfets, avait sa chancellerie particulière où pullulaient les scribes de tout rang. Il rendait la justice dans son département en dernier ressort. Chaque ville qui faisait partie de ce département avait un grand officier chargé de la diriger, et chaque village un simple *Scheikh-el-beled,* sorte de maire. Le *Scheikh-el-beled* était chargé de faire rentrer les impôts de son village et en était responsable ; chaque officier chargé d'un district était également chargé de réunir les impôts de tous les villages de son district et en était responsable ; à la tête du nome, le gouverneur devait faire rentrer les impôts de son nome et en était responsable près du Pharaon ou du ministre compétent. C'était simple, mais assez bien imaginé pour pressurer le fellah qui avait à payer tous les intermédiaires entre le Pharaon au sommet de l'échelle sociale et lui-même au plus bas degré. Il ne pouvait guère se plaindre ; s'il se plaignait au maire de son village, il était trop pauvre pour acheter la justice ; il est vrai qu'il avait la ressource d'en appeler au gouverneur du nome, qui faisait une enquête ; mais cette enquête n'aboutissait souvent qu'à la confusion du plaignant, parce que ceux qui étaient chargés de la faire n'étaient point insensibles aux présents donnés pour montrer l'affaire sous un certain jour : il en a toujours été ainsi en Egypte, et c'est encore la plaie de l'Egypte moderne que le *Bagschisch*.. Les impôts étaient payés en nature. Le chef du nome et ses subordonnés étaient aussi chargés de veiller à ce que le nome, les districts et les villages reçussent bien la quantité d'eau qui leur était assignée et qui était réglée par des écritures qui faisaient foi. De temps en temps, l'administration centrale envoyait des inspecteurs « qui étaient les yeux du roi dans la Haute-Egypte et ses oreilles dans la Basse-Egypte » pour voir comment l'administration était pratiquée et recevoir les plaintes qui pouvaient être faites. Ces sortes de *missi dominici* remplissaient généralement leurs fonctions avec assez de conscience, et quand elle ne se trouvait pas à une époque trop troublée, l'Egypte paraît avoir été assez heureuse de cette administration. La vie y était facile et le travail le plus fatigant était donné aux fellahs et aux esclaves ; rien n'empêchait les heureux de se laisser voguer sur les eaux charmantes du Nil, au sens propre et au sens figuré.

Dès les plus anciennes époques, l'Egypte connaissait le fonctionnaire envoyé au loin pour les affaires, fonctionnaire de province ou de petite ville, qui avait de plus hautes aspirations, qui rêvait à la capitale, à ses plaisirs et qui envoyait à ses protecteurs les épîtres les mieux tournées afin d'être rappelé de ce qu'il considérait comme un exil. Les papyrus nous ont conservé de ces lettres où quelque fonctionnaire « voit son cœur voguant sur le Nil et emporté jusqu'à Memphis », où il dépeint les conditions de sa vie qu'il traîne nécessairement malheureuse. Ces lettres nous montrent que l'Ancienne Egypte n'était point si étrangère aux sentiments que nous sommes portés à croire le propre de notre temps.

La justice, on l'a vu plus haut, était organisée dans chaque nome. Dès qu'une plainte était adressée, on faisait faire une enquête ; si l'enquête faite d'abord ne semblait pas juste au plaignant, il déposait un mémoire écrit demandant une seconde enquête. Cette seconde enquête était ordonnée, faite, et servait de base à un jugement en dernier ressort. L'Egypte ne connaissait pas les appels à deux degrés. Pour les affaires criminelles, des tribunaux spéciaux étaient organisés, et chaque nome en avait sans doute. On procédait de la même manière, le tribunal donnait son avis et l'affaire était soumise au Pharaon qui prononçait. Comme le Pharaon ne pouvait s'occuper que des causes célèbres, on comprend que le gouverneur du nome eût dans son département le même pouvoir, ou que les affaires au criminel n'étaient jugées dignes de ce nom que dans les cas graves. Le châtiment le plus ordinaire était la bastonnade ; mais on appliquait la peine de mort. Il faut ajouter que la bastonnade, que l'on donnait même aux femmes, tue aussi sûrement un homme que si on le décapitait ou on l'étranglait.

Je terminerai cet aperçu par quelques mots sur l'esclavage. Les grandes expéditions guerrières des Egyptiens — ces expéditions ressemblaient parfois terriblement aux *razzias* des Arabes — ne se faisaient pourtant point sans qu'on ramenât des prisonniers. Le roi récompensait lui-même la valeur militaire par des présents en nature, au nombre desquels entraient les esclaves, sans compter les colliers d'or qu'il donnait à ses braves. Cette coutume avait peuplée l'Egypte d'esclaves, esclaves royaux ou esclaves particuliers. Les esclaves royaux étaient employés aux travaux d'utilité publique et surtout aux reconstructions somptueuses des temples. Tant que la conquête fournit à l'Egypte la richesse et que les années abondantes succédaient aux années abondantes, tout y alla fort bien : mais la conquête finit par avoir un terme, des années de moins grandes récoltes arrivèrent, les greniers du Pharaon se vidèrent et les esclaves, les simples artisans qui vivaient aux frais du roi, se trouvèrent réduits à la plus grande détresse. Ils refusèrent de travailler pour ceux qui ne les nourrissaient pas, c'est-à-dire firent grève ; la grève, qui n'est pas nouvelle, suivit le chemin qu'elle suit de nos jours : on parlementa, on fit des concessions de part et d'autre, les concessions eurent un terme, la grève se ralluma. On passa aux moyens violents, on tenta de prendre d'assaut les magasins du roi et on recula devant les gendarmes. Les papyrus nous ont conservé les récits de ces grèves et l'on ne peut voir sans pitié l'état malheureux auquel étaient réduits les ouvriers de cette lointaine époque.

Je pourrais ajouter bien d'autres détails à cet aperçu : mais le lecteur ne me suivrait peut-être que de fort loin, s'il me suivait même. Le voyageur qui entreprend la visite de l'Egypte veut être instruit, mais non pas débordé. Je crois que les pages qui précèdent lui donneront une idée suffisante de la civilisation égyptienne dans son ensemble, pendant que les pages qui vont suivre lui rappelleront les faits mémorables qui se sont produits en Egypte depuis les temps les plus reculés auxquels l'histoire puisse remonter jusqu'à nos jours.

Taureau Mnévis

RÉSUMÉ CHRONOLOGIQUE

DE

L'HISTOIRE D'ÉGYPTE

RÉSUMÉ CHRONOLOGIQUE

DE

L'HISTOIRE D'ÉGYPTE

I

Ancien Empire

L'ancien Empire comprend les premiers temps de l'histoire d'Égypte à l'époque historique. Il va de la 1re à la xe dynastie et embrasse une période de temps qui peut approximativement être portée à 3000 ans ou tout ou moins à 2500 ans. Personne ne peut cependant dire depuis combien de temps l'Égypte était peuplée avant cette époque.

La 1re dynastie est nommée Thinite, de la ville dont Minâ était originaire, située près de la moderne ville de Menschîeh, non loin d'Abydos. Elle compte huit Pharaons, qui régnèrent environ 263 ans. Le premier d'entre eux est Minâ, le Ménès des auteurs grecs, qui fut, dit-on, dévoré par un hippopotame Il avait détruit, assure la légende, la domination des prêtres de Thinis et fondé la ville de Memphis, après avoir construit une digue qui existe toujours sous le nom de digue de Kascheik. Le nom de Memphis est le nom qui fut donné à cette ville : Mennofer « la bonne construction » légèrement corrompu par la suite des siècles ; cette ville était consacrée au *double* du dieu Petah, *Ha ka-ptah*, d'où les Grecs ont formé le mot Αἴγυπτος par lequel ils ont désigné la vallée du Nil toute entière, et c'est de là que vient le mot *Ægyptus* et notre mot *Egypte* lui-même.

Le second roi de cette première dynastie est Teti, en grec Athôtis, qui, au rapport de Manéthon, construisit les palais de Memphis et écrivit les premiers livres de médecine.

Le troisième est connu sous le nom grec de Kenkenîs, son nom égyptien est Ateti.

Le quatrième est Ouénéphis, en égyptien Ata, sous le règne duquel eut lieu une grande famine et qui fit bâtir la première pyramide à Kokhômî, c'est-à-dire comme l'a cru Mariette, la pyramide à degrés de Saqqarah, ce qui est loin d'être prouvé.

Les autres pharaons ne sont guère connus que par leurs noms, Ousaphaïdos ou Housepti, Misbidos ou Merbapen, Semempsîs ou Samenpetah, sous lequel il y eut une peste terrible et des prodiges épouvantables, et enfin Biînekhîs, en égyptien Qobeh.

Ce fut sans doute sous cette première dynastie, que fut taillé dans le rocher le Sphinx de Gizeh et que fut construit le temple de granit rose qui se trouve non loin du dit sphinx, près des grandes pyramides.

La iie dynastie, également d'origine Thinite, compte neuf pharaons pendant un espace de 302 ans. Le premier de ces neuf rois fut Boîthos, ou Boudjaou, sous le règne duquel un gouffre se produisit près de Bubaste, où périrent un grand nombre d'hommes ; le second fut Kaiékhôs, Cechôus, ou Kakaou, sous la domination duquel les taureaux Apis, à Memphis, Mnévis, à Héliopolis et le bouc à Mendès, commencèrent à être regardés comme des Dieux. Son successeur fut Binôthris, Bînouter, qui le premier rendit les femmes aptes à la royauté, déterminé sans doute par des raisons politiques pressantes, enveloppées sous des questions religieuses apparentes. Puis viennent Oudjenas, nommé Tlas par les Grecs, Sonet ou Sethenîs, Perhatisen ou Khairîs (?), Noferkara ou Noferkherîs, sous le règne duquel le Nil, raconte la légende, pendant onze jours eut des eaux mélangées de lait ; Sesôkhrîs ou Noferkasokar, qui eut cinq coudées de hauteur et trois palmes de largeur, et enfin Khenerîs, qui ne fit rien de remarquable.

C'est sans doute à cette époque lointaine que l'on doit faire remonter le tombeau de Thothôtep à Saqqarah, la statue de Sapi du Louvre et une stèle du musée actuel de Gizeh.

La IIIe dynastie, d'origine memphite, comprend également 9 rois qui régnèrent 214 ans. Deux seulement sont un peu plus connus que les autres. Voici leurs noms en grecs, car les noms égyptiens ne correspondent pas le moins du monde à ces noms grecs : Nekherôphis, sous lequel les tribus libyennes ayant fait défection furent ramenées à l'Égypte par l'apparition de la pleine lune ; Sesorthos, surnommé l'Esculape égyptien, qui inventa aussi la construction en pierres et l'ornementation des murailles par les hiéroglyphes ; puis Tyros, Mesokhris, Souphis, Tosertasis, Akhîs, Siphourîs, Kerpherîs.

Un nombre déjà assez grand des tombeaux de Saqqarah appartiennent à cette époque. Elle termine ce qu'on peut appeler la période d'incubation de la civilisation égyptienne et déjà les monuments qui nous ont été conservés sont remarquables.

La IVᵉ dynastie, d'origine memphite, comprend huit rois, selon Manéthon, lesquels ont régné 284 ans. C'est la période la plus glorieuse de l'ancien empire.

Snefrou, le Sôris de Manéthon, s'empare déjà de la péninsule sinaïtique et fait graver les bas-reliefs du Ouady Magharah : il se construit une pyramide, et peut-être plusieurs, dont celle de Meïdoum contenait sans doute son corps.

Khoufou (Khéops) construit la grande pyramide de Gizeh, il répare les édifices religieux, entre autres le sphinx, qui avait déjà besoin de réparations, l'ancien temple de Hathor à Dendérah, puis il éleva une autre pyramide à sa fille Honetsen, etc.

Khafra (Khephren) bâtit la seconde pyramide qui a conservé intact une grande partie de son revêtement extérieur. Il se fait faire une belle statue en diorite qui est au musée de Gizeh et dont le moulage a été pris pour le Louvre.

Menkera (Mycérinus) bâtit la troisième des pyramides et la laisse inachevée. Elle fut complétée par la reine Nitocris, à la VIᵉ dynastie, qui s'fit enterrer. Le colonel anglais Vyse l'ouvrit en 1837, y trouva des fragments du sarcophage en bois de Mycérinus, avec une inscription funéraire, et un beau sarcophage en pierre qui fut englouti dans la mer, près de Carthagène, avec le navire qui le portait.

Puis viennent Menkaouhôr, Radjadjef (Ratoisîs), Aseskaf, Sebekkara et Imhôtep qui n'ont laissé que leur nom.

Un grand nombre de monuments appartiennent à cette dynastie : je citerai seulement les tombes des pyramides, celles de Saqqarah, entre autres celles d'un autre Petah-hôtep, les statues en bois du Scheikh-el-Beled, et d'autres au musée de Gizeh, le scribe accroupi, au Louvre, etc. Cette dynastie resta comme l'époque classique par excellence sous l'ancien empire et elle mérite une large place dans l'histoire de l'art humain.

La Ve dynastie, également memphite d'origine, comprend neuf rois qui régnèrent 248 ans. Ces rois sont peu connus, excepté le dernier ; ce sont Ouserkaf, Sahoura, Kakaï, Aseskara, Akaouhôr, Ouserenra, Menkaouhôr, Assa et Ounas. Cette dynastie continua l'œuvre entreprise par la précédente, étendit la domination égyptienne au Nord à l'Est et sans doute au Midi. Elle maintint la prospérité de l'Egypte et continua l'érection des pyramides comme sépultures royales. Celles d'Ounas a été ouverte par Mariette l'année même de sa mort, et elle a commencé la série des pyramides qui ont livré le secret de la religion funéraire égyptienne à cette lointaine époque. Elle se trouve à Saqqarah. C'est aussi à la vᵉ dynastie qu'appartient le magnifique tombeau de Ti, également à Saqqarah.

La vıᵉ dynastie, originaire de l'île d'Eléphantine, comprend six rois selon Manéthon, mais huit d'après les monuments ; elle vit l'extension de la puissance égyptienne. C'est à cette époque que remontent les premières tentatives d'exploration africaine que nous connaissions.

Le premier Pharaon de cette dynastie est Teti, l'Othoés de Manéthon, auquel succéda un certain Ati.

Puis Pepi Iᵉʳ, dont le règne fut glorieux : c'est du règne de ce prince que date la stèle si célèbre d'Ouni, maintenant au musée de Gizeh.

Merenra, le Methousouphis de Manéthon, eut pour successeur Pépi II dont le règne, selon Manéthon, fut de cent ans, ce que confirme le papyrus de Turin qui accorde à ce règne une durée de 99 ans et quelques mois.

Puis passent successivement sur le trône, Mentouemsaf, Nouterkara et Nitocrîs, la première reine que mentionne l'histoire d'Egypte, comme ayant exercé le pouvoir. C'est la Nitocris aux joues roses qui est devenue le centre des légendes que nous ont conservées Hérodote et Strabon. Elle fit achever la troisième pyramide et la recouvrit d'un revêtement de syénite, en grande partie détruit aujourd'hui : elle y eut-elle même son tombeau. Les autres princes de cette dynastie ont leurs pyramides plus au Sud, à Saqqarah, et elles ont été ouvertes récemment. Les tombeaux de cette dynastie que l'on trouve à Zaouiet-el-Maietîn montrent que les architectes égyptiens qui avaient déjà employé les piliers carrés surent trouver la colonne proprement dite avec le chapiteau, l'abaque et l'architrave, de même qu'ils employaient couramment la voûte en plein cintre.

La VIIe et la VIIIe dynastie sont d'origine memphite : selon Manéthon, la première de ces deux dynasties compte 70 rois en 70 jours, ce qui manque complètement de vraisemblance et la seconde 27 rois qui régnèrent 142 ans. On n'a pas de données historiques sur cette époque. Ce qui semble certain, c'est qu'à cette époque les Pharaons memphites eurent beaucoup à lutter contre leurs adversaires, qu'ils furent vaincus en dernier lieu et que l'Egypte fut en proie à l'anarchie.

La IXᵉ ET LA Xᵉ DYNASTIE furent d'origine Héracléopolitaine, c'est-à-dire que leur puissance eut pour capitale la ville que plus tard les Coptes nommèrent Ehnîs, la moderne Ahnas-el-Medinet des Arabes. La IXᵉ dynastie comprend, selon l'historien national, 19 rois qui régnèrent 409 ans, et dont un seul est célèbre, Achthoîs qui fut dévoré par un crocodile en punition de sa tyrannie. La Xᵉ dynastie comprend également 19 rois qui régnèrent 185 ans.

Jusqu'à ces dernières années on avait peu de monuments se rapportant à cette période qui va de la VIIᵉ à la Xᵉ dynastie, et c'est ce qu'on avait appelé le vide monumental. Ce vide s'est en partie comblé de lui-même : les tombeaux de Siout appartiennent à la Xᵉ dynastie. L'anarchie que l'on supposait avoir existé en Egypte et avoir produit ce vide monumental n'existe donc pas. Sous les derniers princes héracléopolitains, les princes thébains se révoltèrent et finirent par supplanter leurs rivaux. De leur puissance date le Moyen Empire.

La barque de Râ

II

Moyen Empire

Le moyen empire va depuis la xie dynastie jusqu'à la xvie inclusivement : il eut une durée de 1200 à 1500 ans.

La xie dynastie, celle qui supplanta les rois héracléopolitains, était d'origine thébaine. Au dire de Manéthon, elle comprit seize rois qui régnèrent 43 ans, et c'est après eux qu'apparaît Amenmès, le fondateur de la xiie dynastie. Mais, d'après les monuments, nous connaissons 22 pharaons de cette dynastie dont neuf ont porté le nom d'Entef, et six celui de Mentouhôtep. Le chiffre de 43 ans donné par Manéthon pour la durée de cette dynastie est donc tout à fait invraisemblable. Les premiers rois de la famille des Entef sont surtout connus par les stèles où ils sont représentés un arc à la main, avec un ou plusieurs chiens près d'eux : les noms de ces chiens avaient été gravés sur ces stèles et Mariette a découvert celle qui fut mise dans la tombe de l'un de ces Entef, dans la nécropole thébaine de cette dynastie, c'est-à-dire à Drah-abou'l-Neggah. Ces Pharaons sont remarquables par leurs goûts guerriers, par la renaissance qu'ils imprimèrent aux arts qui avaient été négligés sous leurs prédécesseurs. Le cachet de l'art à cette époque est d'être quelque peu rude : l'esprit humain cherche de nouvelles formes ; on abandonne la forme pyramidale des tombeaux, pour prendre une forme qui tient à la fois du mastaba et des pyramides ; mais l'on ne voit plus les dimensions colossales des monuments de l'époque précédente. On bâtit en briques. On continue à creuser des tombeaux dans la montagne : les architectes connaissent déjà la voûte, le plein cintre et même les deux arcs de cercle qui se coupent, c'est-à-dire l'ogive.

La XIIe dynastie est l'apogée du Moyen Empire : d'origine thébaine, elle comprend selon Manéthon huit rois qui régnèrent 213 ans. Ces rois étendirent la domination égyptienne au Midi jusque dans les régions voisines du Soudan, et couvrirent l'Egypte de monuments remarquables, qui ont tous disparu, sauf les tombeaux, sans compter les monuments qu'ont porté à leur compte les écrivains grecs, amateurs de tout ce qui avait un air merveilleux.

Le premier roi qui ouvre cette dynastie est Amenemmès, ou Amenemhat Ier. Ce souverain eut de grandes guerres à livrer pour établir d'abord sa puissance en Egypte, puis hors de l'Egypte : on lui fit plus tard raconter la surprise dont il avait failli être victime, et son testament politique et moral était copié, expliqué dans les écoles où se formaient les scribes encore dix siècles et plus après sa mort. Il nous est parvenu dans le papyrus Sallier II, où le scribe a fait preuve d'une grande habileté à manier le calame, sinon d'une grande intelligence du texte qu'il devait copier.

Ousortesen Ier lui succéda et régna près d'un demi-siècle. Il fit des conquêtes en Asie et dans le Soudan dont il réduisit les tribus diverses au vasselage de l'Egypte. Son règne fut très florissant ; l'Egypte eut une prospérité extraordinaire, qui ne devait être dépassée que sous la xviiie dynastie, et l'art, ayant trouvé sa voie, fait des chefs-d'œuvre. Il en reste encore quelques témoins, comme l'obélisque qui se dresse solitaire dans la plaine d'Héliopolis, près du village actuel de Matarîeh, celui de Begîg dans le Fayoum, les colosses trouvés par Mariette à Sàn et à Abydos, enfin les statues d'Amenemhat Ier et d'Ousortesen Ier trouvées à Sàn par l'infatigable explorateur et qui sont aujourd'hui l'une des richesses du musée de Gizeh.

Ses successeurs, Amenemhat II, Ousortesen II et Ousortesen III, continuèrent la politique de leur prédécesseur, achevèrent la conquête de la région nubienne et fixèrent les frontières de l'Egypte à Semneh, non loin de Ouady-Halfa, à la seconde cataracte. Pour protéger le pays contre les incursions des Nègres, ils construisirent de grandes forteresses en briques dont les ruines se voient encore aujourd'hui et des temples, notamment celui de Soleb, élevé d'abord par Ousortesen III à sa propre divinité, prouvent que les garnisons égyptiennes avaient pu contenir les incursions des tribus nègres ou autres qui étaient sans cesse à rôder sur les flancs de l'Egypte.

Amenemhat III, durant un règne de 42 ans, fit, dit-on, construire le labyrinthe et le lac Mœris. Ce lac célèbre a été très sérieusement mis en question de nos jours ; mais le nom même de la province où il avait été creusé, le Fayoum, c'est-à-dire la *mer*, est une preuve très forte de son existence. Le Nil fut dérivé par un canal latéral qui a reçu dans les temps modernes le nom de Bahr-Yousouf et ses eaux entrèrent dans l'oasis du Fayoum par le Labyrinthe, c'est-à-dire par des ouvrages en pierres qui furent construits à la ville de Ropehount, qui est la ville moderne d'Ellahoun. Elles furent conservées dans un immense réservoir qui s'ouvrait au temps de la baisse des eaux du fleuve et il était ainsi possible de cultiver une grande étendue de terre que l'on n'eût pu autrement rendre productive. La possession de Semneh permettait d'observer la crue du Nil dès la seconde cataracte, et, d'après les mesures que les Egyptiens gravèrent sur le rocher, il semble que les eaux du fleuve montaient alors sept mètres plus haut qu'à l'époque contemporaine : ce serait une preuve que de grands changements se seraient produits dans la vallée du Nil.

Amenemhat III eut pour successeurs Amenemhat IV et Sebekneferoura, le Skémiophrîs des Grecs, princes qui n'ont pas laissé de grands souvenirs.

Les monuments de cette dynastie, outre ceux que j'ai signalés, sont considérables : les artistes s'appliquèrent à leurs productions avec une grande habileté et un grand soin. Les tombeaux sont surtout célèbres : il me suffira de citer ceux de

Beni-Hassan, de Scheikh-Saïd, de Berscheh, dont la valeur est inappréciable pour la véritable histoire des mœurs et des idées. On ne saurait trop regretter le vandalisme qui a détruit en partie les parois des tombes de Beni-Hassan, dans ces dernières années. Ce fut aussi sous la xiie dynastie, que les carrières lointaines du Ouady Hammamât furent exploitées, et les femmes ne craignaient pas de suivre leurs maris qui étaient chargés d'une mission royale dans ces carrières de granit. On reprit aussi l'exploitation des mines de turquoises du Sinaï, exploitation commencée et menée très loin sous l'Ancien-Empire. Enfin, sous la xiie dynastie, la littérature prit un essor inconnu jusqu'alors et les écrits composés en ces temps devinrent classiques pour les siècles suivants. Les idées morales s'établissent fermement et s'expriment dans des termes que nous serions tentés de croire évangéliques ; une découverte récente faite à Assouan a montré d'ailleurs que ces idées n'étaient pas inconnues aux premières dynasties.

Il va sans dire que les auteurs grecs ont accumulé les légendes les plus impossibles sur cette dynastie. D'Ousortesen II, ils ont fait, tout au moins Manéthon, le Sésostris au nom et aux exploits fabuleux auquel se bornait généralement ce qu'on savait autrefois de l'histoire d'Égypte.

La XIII⁰ dynastie, d'après Manéthon, eut une durée de 453 ans et comprit 60 rois dont les noms n'ont pas été conservés. Les monuments nous ont conservé une soixantaine de noms, où l'on remarque surtout ceux des Sebekhôtep et des Nofréhôtep : l'Egypte semble avoir vu se continuer pour elle la prospérité de la dynastie précédente ; mais il reste peu de monuments qu'on puisse attribuer à cette époque et qui nous fasse connaître les évènements dignes de mémoire.

La XIV⁰ dynastie, d'origine Xoïte, d'après Manéthon, c'est-à-dire de la ville actuelle de Sakhâ, dans le Delta, compta 75 rois et dura 484 ans. Les monuments font encore défaut pour cette dynastie : le papyrus royal de Turin a conservé quelques noms qui ont échappés aux mutilations dont il a été l'objet ; d'autres noms nous sont parvenus à moitié. Tout ce qu'on peut dire, c'est que cette dynastie se termine par des troubles intérieurs et l'invasion étrangère des Hiqsos, c'est-à-dire des Pasteurs, comme on les nomme plus communément, qui s'établirent à Tanis, la moderne Sàn, et gardèrent le pouvoir pendant deux dynasties.

La XV⁰ dynastie, selon Manéthon, compte six rois Pasteurs dont les noms se sont retrouvés en partie sur les monuments, comme ceux de Bnôn, Staan et Apophis. Ils régnèrent 284 ans.

La xvi⁰ dynastie comprend 32 autres rois Pasteurs qui régnèrent 518 ans, selon Manéthon. Les monuments n'ont conservé qu'un seul nom de cette dynastie : c'est celui d'Apophis. C'est probablement sous l'une de ces deux dynasties que les Hébreux vinrent s'établir en Egypte. Les Pasteurs, peu initiés d'abord aux mœurs civilisées de l'Egypte, se firent bientôt les disciples de leurs sujets : ils protégèrent les arts, comme le montre les sphinx que Mariette découvrit dans les fouilles de Tanis et qui sont aujourd'hui au musée de Gizeh. Ils se firent aussi à la religion égyptienne, tout en n'abandonnant pas leur dieu national Soutekh, le Set égyptien, qui a donné naissance au Satan des doctrines juives et chrétiennes. Mais, après avoir fait tous leurs efforts pour se naturaliser en quelque sorte égyptiens, ils ne purent faire oublier leur origine étrangère pas plus que leur type ne s'était confondu avec le type égyptien : les princes du Haut-Pays qui avaient su garder leurs fiefs sous la vassalité des rois Pasteurs reprirent peu à peu l'offensive et finirent par chasser les étrangers, dont quelques individus restèrent sur les rives du lac Menzaleh et s'y sont propagés jusqu'à nos jours, vivants témoins d'une race sur laquelle les savants n'ont pu réussir à asseoir définitivement leur jugement.

Seb

III

Nouvel Empire Thébain

Le nouvel Empire Thébain va de la xviii⁰ à la xxxi⁰ dynastie exclusivement et comprend des époques bien diverses : il dura depuis le xviii⁰ siècle environ avant J.-C. jusqu'à l'an 340.

Les premiers Pharaons de la xvii⁰ dynastie sont peu connus : ils s'usèrent dans les guerres incessantes que nécessita l'indépendance égyptienne ; cependant le nom de la reine Aah-hôtep a échappé à l'oubli, grâce aux bijoux merveilleux que Mariette trouva dans son tombeau, à Drah-Abou'l-Neggah. Elle était la femme de Kaimès, quatrième Pharaon de la dynastie et mère d'Ahmès I⁰ʳ qui chassa définitivement les chefs Pasteurs de l'Egypte[1]. La lutte

---

[1]. Ce serait se faire une fausse idée de l'histoire que de penser que tous les Hiqsos furent chassés avec leurs chefs : les chefs furent bien obligés de s'enfuir devant la vengeance des Egyptiens ; mais les petits demeurèrent.

entre les Egyptiens et leurs ennemis dura environ 150 ans ; elle fut fertile en péripéties émouvantes, et l'un des Pharaons qui ont été trouvés dans la cachette de Deir-el-bahary fut sans doute tué dans l'une des batailles de cette guerre de l'indépendance ; il se nommait Rasqenen. Les Egyptiens reconnaissants du service inappréciable que leur avait rendu le roi Ahmès Ier en firent le fondateur d'une dynastie nouvelle, marquant ainsi par une ère bien déterminée le temps où ils étaient redevenus indépendants.

La xviiie dynastie s'ouvre donc par le règne d'Ahmès Ier dans sa seconde période. Ahmès l'employa à des expéditions heureuses dans la Nubie, où les princes tributaires de l'Egypte s'étaient révoltés et dans la Palestine où va commencer la longue suite de guerres dans lesquelles l'Egypte finit par établir momentanément sa domination sur ce pays. Délivrée de ses ennemis, l'Egypte sembla revivre : on restaura les édifices sacrés et les bijoux de la reine Aah-hôtep montrent bien que l'art y fut cultivé avec un grand succès. Aménophis Ier, ou Amenhôtep selon les Egyptiens, succéda à son père et continua la politique inaugurée par le fondateur de la dynastie. Il fit quelques incursions dans la Syrie du Nord, conquit définitivement l'Ethiopie, et restaura les édifices sacrés en ruines.

Il eut pour successeur Thoutmès Ier qui suivit son exemple, opéra des conquêtes dans la Syrie du Nord jusque sur les bords de l'Euphrate, à Karkemisch, et dans le pays de Kousch, nom du Soudan actuel, où il éleva des stèles commémoratives de son passage et de ses victoires. Il régna 21 ans et fit construire la salle des piliers osiriaques dans le massif de Karnak, à Thèbes.

Thoutmès II qui lui succéda assura définitivement la conquête de l'Ethiopie des anciens, c'est-à-dire du Soudan ou pays de Kousch : *fils royal de Kousch* devint dès lors le titre du prince héritier présomptif de la couronne égyptienne, comme chez nous le titre de dauphin. Thoutmès II mourut d'assez bonne heure, ne laissant point d'enfants de sa royale épouse, Hâtschopset, sa sœur ; il avait cependant eu d'une autre femme de rang inférieur, nommée Isis, un fils qui était encore enfant. Hâtschopset l'adopta et exerça le pouvoir pendant la minorité de celui qui devait être Thoutmès III, en qualité de régente. Elle prit goût au pouvoir, et son règne fut l'un des plus glorieux de l'empire égyptien. Elle fit des expéditions en des pays jusqu'alors inconnus des Egyptiens, comme la côte des Somalis, et en rapporta des arbres d'essence étrangère qu'elle tenta d'acclimater en Egypte. Puis pour perpétuer le souvenir de ces expéditions, elle bâtit le célèbre temple de Deir-el-bahary, fouillé et publié par Mariette. C'est elle aussi qui fit en sept mois extraire des carrières d'Asouan, graver, transporter et dresser le grand obélisque qui décore toujours le massif de Karnak. Après 20 ans de pourvoir, la mort l'obligea de laisser la place à Thoutmès III, son beau-fils.

Thoutmès III est le plus grand des Pharaons égyptiens, sans en excepter Ramsès II, le Sésostris des auteurs grecs. Après la mort de la régente, il fit marteler les cartouches de la reine Hàtschopset et montra ainsi qu'il avait supporté impatiemment le joug de sa belle-mère. Sous son règne, la puissance égyptienne atteignit son apogée et les 34 ans pendant lesquels il exerça le pouvoir furent employés à des guerres continuelles depuis le Soudan jusqu'à la Mésopotamie et les pays environnants. Ce fut aussi le premier en date des grands Pharaons constructeurs. Parmi les monuments qu'il fit élever, il faut citer les temples de Soleb et d'Amada dans la Haute Nubie, le pylone de Karnak découvert par Mariette où ce Pharaon avait fait dresser trois listes de peuplades vaincues, comprenant près de

400 noms : c'étaient là les résultats de ses premières campagnes dans l'Asie et l'Afrique. Il fit aussi construire un petit temple à Medinet-Habou et d'autres monuments en briques crues à l'Assassif, près de Thèbes, rive gauche. L'obélisque qui décore aujourd'hui la place de St-Jean de Latran à Rome et l'*aiguille de Cléopâtre* à Alexandrie portent aussi sa *dédicace*. Ses statues sont célèbres : entre autres le buste colossal qui se trouve au musée de Gizeh. C'est aussi lui qui fit faire ce qu'on appelle la *chambre des ancêtres* à Karnak, donnée à la *Bibliothèque nationale* par Prisse d'Avennes : le pharaon s'y représente rendant le culte funèbre à ceux qu'il admettait comme ses prédécesseurs sur le trône.

Amenhôtep II lui succéda et continua sa politique. Il eut à réprimer une grosse révolte dans la partie asiatique de son empire : il réussit à en sortir victorieux ; ayant pris sept chefs de la région pendant son expédition, il en offrit six en sacrifice à son père Amon et le septième fut expédié à Napata, où sa mort servit de leçon aux petits chefs Nubiens qui auraient été tentés de se révolter. La stèle d'Amada raconte ce sacrifice tout au long.

Thoutmès IV qui régna 31 ans maintint la suprématie égyptienne dans l'Asie du Nord et dans l'Afrique. Ce Pharaon, à la suite d'un rêve, fit désensabler le grand Sphinx des Pyramides qui avait déjà été réparé sous le pharaon Khoufou à la IVe dynastie.

Amenhôtep III régna environ 37 ans : son règne n'offre rien de particulièrement remarquable, au point de vue politique, si l'on sort des guerres fréquentes et nécessaires contre les habitants de l'Asie, ceux de la Nubie et du Soudan.

Il fut l'un des plus grands constructeurs de la XVIIIe dynastie. On trouve de ces monuments à Gebel-Barkal, à Soleb, à Semneh dans la Nubie. En Egypte, il y en a à Souan, à Eléphantine, à Gebel-Silsileh, à El-Kab, à Tourah dans les carrières : c'est de son règne que datent les plus anciens tombeaux des Apis qui aient été trouvés à Memphis, dans le fameux Sérapéum qui fut la première découverte archéologique de l'illustre Mariette. A Karnak il entreprit des constructions considérables ; puis, comme cela ne lui suffisait pas, il fit commencer la construction du temple de Louqsor, où des tableaux retracent tout au long sa naissance mystérieuse. Il fit ensuite élever un grand temple entre Médinet-Habou et Scheikh-'Abd-el-Gournah. Il n'en reste plus rien aujourd'hui, sauf les deux colosses qui en décoraient l'entrée et qui semblent toujours garder la plaine de Thèbes. Ces colosses ont été appelés par les voyageurs grecs ou romains : colosses de Memnon ; l'un deux était surtout célèbre parce que l'on croyait qu'aux premiers rayons du soleil levant, la statue rendait un son prophétique : c'était ce qu'on appelait la *statue vocale* de Memnon dont le savant Letronne a complètement fait tomber la légende.

Amenhôtep IV lui succéda. La vie de ce prince tient du roman et les Egyptologues en ont fait le centre de systèmes tous plus ingénieux les uns que les autres, mais tous aussi faux. On a d'abord prétendu qu'il était eunuque, puis que c'était une femme. Cette prétendue femme avait le sexe masculin, et cet eunuque avait été prolifique, puisqu'il avait au moins quatre filles, sans compter les fils. Ce qu'il y a de vrai, c'est qu'offusqué de l'importance de plus en plus grande que prenait le sacerdoce Thébain d'Amon, il abandonna la ville de Thèbes, son culte et ses prêtres, pour adopter un autre culte primitif de l'Egypte, celui d'Héliopolis, fit marteler le nom d'Amon et transporter sa capitale dans la province actuelle de Minîeh, au lieu nommé El-Amarna. Il changea son nom d'Amenhôtep en celui de Khouenaten et appela la capitale qu'il fonda Khouitenaten, en l'honneur de son Dieu Aten, le disque solaire. Les monuments dont il eut le temps de doter sa nouvelle ville sont merveilleux de réalisme artistique, et il fit composer en l'honneur du Disque solaire un hymne de la plus grande poésie. Cependant sa tentative avorta, et dès qu'il fut mort la réaction leva la tête. On a dit qu'il avait été amené à son culte hérétique, car on l'a dénommé ainsi, par sa femme la reine Tii qui aurait été d'origine sémitique ; la reine Tii était au contraire d'origine purement égyptienne. Dans ces dernières années on a découvert son tombeau à El-Amarna et une foule de tablettes cunéiformes formant la correspondance officielle que lui adressaient ses tributaires et ses officiers.

Après des successeurs éphémères tels que Rasaakakhoprou, Toutônekhamen et Aï, Horemheb monta sur le trône et mit fin aux divisions qui existaient en Egypte. Le schisme se termina par un compromis, chacun des deux partis ayant fait des concessions, et Horemheb put s'occuper de l'empire égyptien à l'étranger. Les carrières de grès à Silsileh contiennent des tableaux où sont sculptés les actes mémorables de ses campagnes. Le Musée du Louvre possède le sceau magnifiquement orné de ce prince qui construisit l'un des pylones de Karnak. Ce fut sous son règne qu'on enterra l'Apis dont Mariette trouva la tombe inviolée dans le Sérapeum de Memphis. Ce roi régna 36 ans environ. Il est le dernier de cette dynastie la plus puissante de l'Egypte, celle aussi où l'art atteignit une perfection dont il ne pouvait guère que déchoir et dont les monuments remplissent les musées de l'Europe.

XIX° DYNASTIE. D'origine thébaine et comprenant au moins huit Pharaons. Elle a duré environ 180 ans et a maintenu pendant une bonne partie de sa durée l'empire égyptien avec une certaine grandeur; mais vers la fin des signes de décadence se montrent et elle finit sans doute dans l'anarchie, comme il est dit plus loin.

Ramsès Ier en fut le fondateur : il appartenait à une famille nouvelle, peut-être apparentée avec quelque famille sémitique. Après avoir rétabli la paix et l'ordre dans l'intérieur de l'Egypte, il reprit les éternelles incursions des Pharaons égyptiens dans le Soudan et dans la Syrie. En Syrie, les Egyptiens avaient eu jusque là à combattre les nations qu'ils appelaient Rotennou, du Nord et du Sud ; mais sous Ramsès Ier apparaît pour la première fois la mention des Khétas, ou Hittites, qui avaient constitué une confédération générale des princes syriens pour résister à l'Egypte. Leur empire balança l'empire égyptien et ne devait disparaître que devant la conquête assyrienne.

Séti Ier, durant un règne long de plus d'un demi-siècle, fut presque continuellement occupé à guerroyer contre les Khétas, ou Hittites. Il occupa la Syrie d'une manière méthodique par des garnisons qui firent pénétrer dans ce pays les idées et les coutumes égyptiennes, comme cela s'était déjà fait à la XIIe dynastie, selon le témoignage d'une stèle du Louvre. Il fut obligé de faire la paix avec le roi des Khétas. Ce roi fut un grand constructeur et l'ami des arts. Ce fut sous son règne que l'on commença la grande salle hypostyle de Karnak, l'une des merveilles de l'architecture égyptienne, et que l'on grava sur les murs extérieurs de cette salle les bas-reliefs si connus qui représentent les victoires des Pharaons sur les populations de la Syrie. Il fit aussi élever à Abydos le temple d'Osiris qui a été découvert, déblayé et publié par Mariette. A Gournah, près de Thèbes, il fit encore édifier le temple que l'on y voit toujours. Mais la merveille qui a fait connaître ce Pharaon, c'est le tombeau qui lui fut élevé dans la vallée de Biban-el-Molouk et que l'italien Belzoni découvrit au commencement de ce siècle. Il est resté presque intact, autant qu'il est possible avec les nombreux voyageurs qui le visitent depuis qu'il est découvert. Il vient d'être publié en entier par M. Lefébure. Ce fut aussi sous ce règne que fut commencé le canal qui unissait le Nil à la mer Rouge, s'il n'existait pas dès l'Ancien Empire : en tout cas, il fut restauré par Séti Ier, comme il devait l'être plus tard par Trajan.

Ramsès II succéda à Séti Ier et eut l'un des plus longs règnes que mentionne l'histoire, puisqu'il atteignit bien près de 70 ans. C'est le Sésostris des Grecs, celui dont les conquêtes défrayaient les histoires d'Orient avant et même depuis les découvertes égyptologiques : au fond ce fut un conquérant, mais inférieur de beaucoup à Touthmès III et peut-être à Séti Ier. Son père lui avait donné un harem dès l'âge de 10 ans : aussi a-t-il laissé un chiffre d'enfants fort respectable, 170, dont 59 royaux, nés de princesses ayant le titre de reines. A la mort de Séti Ier, il y eut un soulèvement général des parties de l'Asie occupées par les Egyptiens ; mais on dut bien vite perdre l'espoir trop facilement conçu que la main du nouveau maître ne saurait pas tenir les rênes de l'empire égyptien. Il montra une valeur personnelle très grande, et ce fut à qui la chanterait parmi les poètes égyptiens dont nul ne fut plus célèbre que le scribe Pentaour qui écrivit le premier poème épique connu sur les vaillances du roi Ramsès. La lutte se prolongea pendant plus de seize ans, et ce ne fut qu'en l'an xxi qu'un traité de paix, conclu entre Ramsès II et le roi des Khétas, mit un terme aux expéditions annuelles. Parmi les noms des peuples confédérés contre l'Egypte, on en trouve plusieurs que le vieil Homère comptera parmi les défenseurs de Troie. Ramsès II épousa une des filles de son adversaire, et le traité gravé sur les parois des temples est parvenu jusqu'à nous. Depuis cette époque jusqu'à la fin de son règne la paix ne fut pas troublée, et chacun des deux signataires du traité de l'an xxi tint à honneur d'en observer les clauses.

L'activité de Ramsès II trouva des aliments par ailleurs : c'est le plus grand constructeur qu'ait connu l'Egypte et peut-être le monde entier. Depuis Beyrouth jusqu'à Ibsamboul en Nubie, il sema ses constructions comme à plaisir. Voici ses monuments les plus célèbres : le temple souterrain d'Ibsamboul avec ses colosses taillés dans le rocher ; l'achèvement de la salle hypostyle à Karnak ; les petits obélisques et le temple de la déesse Sekhet, aussi à Karnak ; les pylones et les deux obélisques de Louqsor, dont l'un, transporté à Paris par l'ingénieur Lebas, décore aujourd'hui la place de la Concorde ; le Ramesséum, près de Scheikh-'Abd-el Gournah sur les murs duquel il fit graver les tableaux représentant ses victoires et dont les

Grecs ont fait le tombeau d'Osymandias ; le colosse qui était naguère à Mît-Rahineh, renversé dans un fossé ; quelques-uns des souterrains du Sérapéum. Il acheva le temple d'Abydos. Il fonda aussi les villes de Ramsès et de Pithom auxquelles sont dits avoir travaillé les Hébreux. La première de ces deux villes fut appelée Herôôpolis, aujourd'hui Tell-el-Maskhoutah : elle était située au commencement de la mer Rouge ; la seconde bâtie non loin de Bubaste, à l'entrée du désert, est maintenant déserte. Il se fit aussi creuser deux tombeaux. Chez lui, faire dresser des stèles partout où il passait et s'approprier les monuments de ses prédécesseurs en y faisant graver ses cartouches, semble avoir été une véritable manie. Le long règne de Ramsès II fut cause que le Pharaon vit mourir avant lui un grand nombre de ses enfants ; son successeur, Ménépetah Ier, n'était que le treizième de ses fils et avait près de 60 ans lors de son accession au trône.

Ménépetah eut un règne assez agité. La mort de son père rompit la paix ; il eut à soumettre les révoltés de l'Asie, quoique dans un moment de famine, il eût fourni les approvisionnements nécessaires au roi des Khétas et maintenu le traité de l'an xxi. Il dut repousser la première invasion des nations du Nord et réprimer les tribus de prisonniers qui étaient employés aux travaux publics. C'est peut-être sous son règne que les Babyloniens révoltés furent châtiés et fondèrent la citadelle connue sous le nom de Babylone d'Egypte, près de laquelle fut fondée ensuite la *ville de la tente* ou Fostât, et ensuite le Caire. Son règne offrirait sans doute une occasion favorable pour l'*Exode* du peuple hébreu, mais rien n'est moins certain. Le tombeau de ce Pharaon dans la *vallée des rois* à Thèbes est célèbre, et il fit aussi achever dans la ville de Sân le temple du Dieu Soutekh auquel on avait déjà travaillé sous les deux règnes précédents.

Après sa mort, la discorde se mit en Egypte : Amenmeses, Seti II, Ménépetah II et Set-Nakhet se succédèrent sur le trône sans parvenir à ressaisir complètement l'autorité sur l'empire égyptien tout entier : s'il faut en croire le grand papyrus Harris, un Syrien se serait même emparé du trône d'Egypte. Il fallut un changement de dynastie pour ramener l'ordre.

La xxe dynastie thébaine compta douze rois qui régnèrent environ 180 ans : malgré un règne brillant, c'est d'elle que part la décadence égyptienne.

Après un prince dont on ne connaît guère que le nom et qui fut le fondateur de cette dynastie, Ramsès III, le dernier des grands Pharaons, inau-

-gure son règne. Les nations des îles du Nord ayant voulu envahir l'Egypte, Ramsès III leur infligea une sanglante défaite et les rejeta dans la mer, entre Raphia et Péluse. Il fit d'autres campagnes heureuses contre les Syriens et les Libyens, et finit par reconstituer à peu près l'empire Egyptien. Pour conserver le souvenir de ses victoires, il fit construire le magnifique temple de Medinet-Habou, où les scènes guerrières se mêlent avec les scènes de la vie privée du Pharaon et de ses femmes. Ce fut aussi lui qui fit construire à Karnak le temple d'Osiris. Son tombeau à Biban-el-Molouk est très célèbre, surtout à cause de la présence des scènes de la vie réelle et principalement à cause des deux Harpistes longtemps désignés sous le nom de Harpistes de Bruce, qui se trouvent dans l'une des huit chambres creusées dans le corridor d'entrée.

A partir de ce règne, la décadence commence. Les successeurs de Ramsès III portent tous le nom de Ramsès et ne se différencient que par leur surnom jusqu'à Ramsès XII le dernier de la lignée. Princes sans grand caractère, ils virent se tarir les sources des revenus de l'Egypte, les années de malheur succéder aux années d'abondance ; les révoltes se suivirent les unes les autres, les grèves industrielles, les pillages sacrilèges se multiplièrent. L'esprit militaire commence à se perdre peu à peu, parce que la guerre ne rapporte plus rien, et quand Ramsès XII disparaît, les grands prêtres d'Amon peuvent prendre le pouvoir en mains. Cependant on construit encore le temple de Khons à Karnak et des tombeaux dans la vallée des rois.

La XXIe DYNASTIE, selon Manéthon, fut d'origine Tanite et régna dans le Delta ; c'est là une simple opinion de l'historien égyptien, car il y eut à Thèbes une autre dynastie qui régna concurremment : celle des grands prêtres d'Amon qui régnèrent sans gloire, mais qui exercèrent cependant l'autorité dans la Haute-Egypte. Ce furent eux qui firent construire la fameuse cachette de Deir el-bahary pour y soustraire au pillage les momies les plus célèbres et les plus riches des trois dynasties précédentes qu'on ne se faisait plus scrupule de voler ; cette cachette a été découverte en 1882, ainsi qu'une autre renfermant les cercueils des prêtres d'Amon en 1891. Ce fut sous ces princes qu'une partie de l'armée égyptienne se retira en Ethiopie et fonda le royaume de Napata.

A Tanis, Manéthon indique sept rois dont quatre seulement se sont trouvés sur les monuments ; pendant ce temps leurs compétiteurs possédaient pendant six générations le pouvoir à Thèbes : Herhor, Piankhi, Pinodjèm I, Pinodjèm II, Ramenkheper et Pinodjèm III. Cette compétition finit à l'avantage des rois Tanites, qui furent eux-mêmes renversés par une nouvelle dynastie, originaire de Bubaste, après un règne de 190 ans environ.

La XXIIe DYNASTIE, d'origine libyenne, comprend 9 rois qui régnèrent environ 170 ans. Les noms fortement sémitisés de quelques uns de ces rois montrent que l'Egypte perdait de jour en jour son influence politique sur le monde.

Scheschonq Ier, le Sésak de la Bible était d'origine Syrienne. Il vivait en même temps que le roi juif Salomon, c'est-à-dire vers l'an 1000 avant notre ère. Il sut se servir des divisions intestines des états voisins, et ouvrit notamment l'accès de l'Egypte aux mécontents du royaume de Salomon. Lorsque le schisme des dix tribus vint à éclater, il se dit que l'occasion était propice, envahit la Judée, s'empara de Jérusalem et enleva les trésors amassés par Salomon, notamment les boucliers dorés déposés dans le temple de Jérusalem. De retour en Egypte, il fit graver sur les murs de Karnak le nom du roi de Juda, que Champollion y a lu depuis. Mais cette expédition heureuse n'eut pas de résultats durables et ne suffit pas pour enrayer la décadence irrémédiable. Il mourut bientôt après et, parmi ses successeurs, nul ne renouvela ses entreprises lointaines.

Cependant rien ne vient prouver la décadence rapide de l'Egypte sous les règnes d'Osorkon Ier, de Takeloth Ier, d'Osorkon II et de Scheschonq II qui n'ont guère laissé d'histoire ; mais sous le règne de Takelôth II et sous celui de ces successeurs Scheschonq III, Pimi et Scheschonq IV, les divisions intestines de l'Egypte montrèrent à qui avait des yeux combien ce pays avait perdu de sa force. Cependant cette dynastie a laissé quelques monuments : d'abord à Karnak, comme il a été dit plus haut, au Sérapéum que Mariette devait découvrir et dont il devait donner au musée du Louvre les mombreuses stèles, et enfin les stèles de Silsilis où les rois de cette dynastie trouvèrent une carrière pour leurs constructions.

La XXIIIe DYNASTIE, d'origine Tanite, ne comprend que quatre rois, dont deux seulement ont été retrouvés sur les monuments, et dura environ 90 ans. Il y eut sans doute d'autres rois ; mais ils nous sont inconnus.

Manéthon nomme les quatre rois qu'il cite Petoubastis, Osorkon III, Psammous et Zît : les deux premiers seuls se sont retrouvés. C'est sous cette dynastie que la ville de Thèbes, délaissée déjà depuis longtemps, fut dépeuplée et se cantonna en divers petits villages placés près des temples, comme Louqsor, Karnak, Médinet-Habou, Gournah, etc.

La xxiv⁰ dynastie, d'origine Saïte, ne comprend que deux Pharaons, Tafnakhet et Bokenranef (Bocchoris) sous lequel Manéthon mentionne qu'un agneau parla. Tafnakhet avait réussi à soumettre presque toute l'Egypte ; mais quelques-uns des petits princes ses concurrents appelèrent les Ethiopiens, c'est-à-dire les Egyptiens qui étaient allés former un empire dans le Soudan et la Haute-Nubie ; ceux-ci accoururent avec empressement et le roi Piankhi, dont on a retrouvé la stèle sur laquelle il avait raconté cette expédition (cette stèle existe au musée de Gizeh et a été expliquée par E. de Rougé) conquit rapidement toute l'Egypte ; mais la mort vint bientôt mettre un terme à ses succès. Son successeur Kaschto fut obligé de retourner en Ethiopie, laissant le champ libre à Tafnakhet qui reprit ainsi sa puissance première et la conserva jusqu'à sa mort.

Après lui, Bokenranef, son fils, eut le pouvoir pendant 7 ans dans la Basse-Egypte ; mais ses projets ambitieux, en suscitant la jalousie des autres princes, attira une seconde invasion des rois éthiopiens : Bokenranef fut pris et brûlé vif par Schabaka, qui fit la conquête de tout le Delta.

La xxv⁰ dynastie fut éthiopienne, comprit trois rois et dura un demi-siècle, de 715 à 656 environ.

Schabaka, le Sabacon des Grecs et le Sébé de la Bible, mit tous ses soins à réorganiser l'Egypte, à lui donner la prospérité des anciennes dynasties ; il entreprit la restauration des monuments, des villes, des canaux et de leurs digues, qui servaient et servent encore de grandes routes en Egypte. Il fut aidé dans son œuvre par le concours de la reine Ameniritis, qu'il mit à la tête de Thèbes et dont la statue en bel albatre oriental décore le musée de Gizeh. Il porta ensuite ses visées politiques à l'extérieur de l'Egypte, fit alliance avec Ozias et Ezechias rois de Juda, et avec le Philistin Hounou ; il entreprit de s'opposer à la conquête de la Syrie par le roi Assyrien Sargon, mais il fut vaincu à Ropeh, près de Gaza. Sa défaite fut le signal du soulèvement de toute la Basse-Egypte contre les Ethiopiens qui furent refoulés vers la Haute-Nubie.

Son successeur immédiat Schabatoka ne semble pas avoir laissé de grands souvenirs ; mais sous Tahraka, l'Egypte fut de nouveau reconquise par les Ethiopiens. Vers 672, l'assyrien Asaraddon envahit et conquiert la vallée du Nil qui devient vassale des villes qu'elle avait autrefois dominées ; mais trois ans plus tard Tahraka réussit à chasser les Assyriens. En 667, Assourbanipal envahit de nouveau l'Egypte, et en 666, Tahraka réussit encore à rejeter les Assyriens. Mais ceux-ci revinrent à la charge, réussirent à s'emparer de Memphis ; puis encore chassés, ils refont une troisième grande invasion et saccagent Thèbes. L'Egypte n'était plus de taille à leur résister : elle était passée au second plan, tandis que l'empire Assyrien occupait le premier. Il est facile de comprendre que, sous cette dynastie si mouvementée, il n'y ait guère eu de loisir pour cultiver les arts et que par conséquent nous n'ayons que très peu de monuments à enregistrer comme lui appartenant.

La XXVI⁰ dynastie, saïte d'origine, comprend neuf princes et dura 198 ans environ. Les premiers rois fondateurs de cette dynastie eurent à repousser les Assyriens ; ils sont peu connus et pas un seul n'a été retrouvé sur les monuments : nous ne connaissons leurs noms que par Manéthon. Ce sont : Stéphinatès, Nékhépsôs et Nekhaô. C'est à cette époque qu'il faut faire remonter la dodécarchie dont parle Hérodote et à laquelle Psamétik se serait le premier substitué. Il eut recours aux mercenaires grecs pour chasser à la fois les Assyriens au Nord et les Ethiopiens au Sud de l'Egypte ; ils le rendirent ensuite maître de l'Egypte entière. Dès lors il s'occupa tout entier de fermer les plaies causées par la guerre et les invasions. Il ouvrit l'Egypte aux Grecs, mercenaires et commerçants ; c'est à cette époque qu'il faut faire remonter l'établissement des deux colonies grecques de Cyrène et de Naukratis, et par conséquent la lente et superficielle infiltration des idées grecques en Egypte, et aussi avec beaucoup plus d'influence la pénétration des idées égyptiennes, de l'art égyptien chez les Grecs. Les princes de la XXVIe dynastie s'appliquèrent en effet beaucoup à restaurer le culte des arts, et leur époque est connue sous le nom de *Renaissance saïte*, la dernière qu'ait tentée l'art égyptien avant de disparaître définitivement. C'est à cette époque que furent construites certaines tombes remarquables, celle de Pétamounoph, à El-Assasif, dans la nécropole thébaine, et celle de Bokenranef, dans la nécropole memphite. Le travail de la statuaire est beaucoup plus fin et plus poli qu'aux époques précédentes, et les monuments en sont épars un peu dans tous les musées d'Europe : le Louvre a en plus les monuments du Sérapéum qui remontent à cette époque très peu ancienne pour l'Egypte.

Nekao II fut un roi entreprenant : il appela à son aide les ingénieurs grecs qui lui reconstruisirent une flotte et ce fut sous son règne qu'on vit en Egypte les premières trirèmes. Il fit désensabler le canal qui unissait le Nil à la mer Rouge, lequel était obstrué depuis la xxe dynastie. Il fit exécuter la première expédition autour de l'Afrique par mer, afin de reconnaître la forme de la Libye : ce furent des Phéniciens qui firent ce voyage d'exploration. Il sut tirer partie de l'armée que lui avait laissé son père pour conquérir la Syrie ; mais il fut vaincu près de Karkémisch par Nabuchodonosor qui lui reprit sa conquête. Il mourut deux ans après sans avoir pu saisir l'occasion de prendre sa revanche.

Son fils Psamétik II était encore enfant et mourut avant d'arriver à sa majorité. Pendant son règne eut lieu une expédition contre les tribus éthiopiennes. Il mourut en 589.

Ouhabra, l'Apriès des Grecs, lui succéda et régna 20 ans. Il reprit aux Assyriens les côtes de Syrie, mais échoua devant Cyrène. Son échec fut l'occasion d'un soulèvement : son armée fut vaincue et lui-même fait prisonnier; mais il fut traité d'abord avec honneur, jusqu'au moment où il fut réclamé par la populace de Saïs et qu'il lui fut livré. C'est sous son règne qu'eut lieu la construction du grand et magnifique temple de Saïs que décrit Hérodote. La grande amitié de ce roi pour les étrangers causa sa perte.

Son successeur fut un homme du peuple qui se trouvait à la tête de la sédition, il se nommait Ahmès, d'où les Grecs ont fait Amasis. Il était très fin, très circonspect et très rusé : sous son règne l'Egypte eut une période de paix d'un quart de siècle, et il fit tous ses efforts pour rendre son royaume prospère. Lui aussi désira les Grecs, les attira à sa cour et leur confia certaines hautes charges, au grand scandale des vrais Egyptiens. Il fit beaucoup construire et restaurer. On peut citer de lui : le colosse de 25 mètres qui se trouvait devant le temple des Petah, à Memphis ; la construction d'un temple à Isis dans cette même ville, les monolithes qui se trouvaient à Saïs, et le sarcophage immense qui est encore en place au Sérapéum de Memphis. Sous son règne, Saïs devint ce qu'avait été Thèbes sous les XVIIIe et XIXe dynasties: mais elle ne devait pas rester longtemps dans sa prospérité; elle est aujourd'hui réduite au misérable village de Sâ-el-Haggar.

Psamétik III qui fut le successeur d'Ahmès ne régna que six mois : l'invasion de Cambyse fils de Cyrus, roi des Perses, vint ruiner l'Egypte encore une fois. Hérodote a raconté en termes émouvants le récit de cette invasion, les malheurs de Psamétik III et de sa famille.

La xxvııᵉ dynastie vit tout entière la domination persane qui dura 121 ans. Cambyse commença par traiter l'Egypte et ses habitants avec assez de douceur ; mais après l'échec de l'expédition qu'il avait envoyée contre Carthage et la malheureuse entreprise contre l'Ethiopie, il changea complètement : des accès de folie furieuse le rendirent cruel, il incendia un grand nombre de villes, viola la momie d'Ahmès dans son tombeau, s'attaqua à la majesté d'Apis en personne et son nom devint pour les Egyptiens le synonyme de cruauté folle. Il finit par quitter l'Egyte, après en avoir confié le commandement au Satrape Aryandès. Celui-ci, selon le témoignage d'Hérodote, fut si ébloui par la richesse de l'Egypte qu'il se serait résolu à se rendre indépendant et qu'il y aurait fait frapper monnaie. Ce récit serait appuyé par la découverte faite par Ch. Lenormant d'une pièce de monnaie où aurait été gravé le nom d'Ayran, mis pour Aryandès. Mais peut-être ne faut-il voir là qu'une de ces légendes dont les Grecs étaient aussi friands que les Egyptiens. Quoi qu'il en soit les marchands grecs et phéniciens qui pullulaient en Egypte s'aperçurent bientôt que ces monnaies que connaissaient les Perses favorisaient leurs transactions et ils les adoptèrent unanimement.

Darius Ier succéda à Cambyse et tâcha autant qu'il le put de réparer les fautes de son prédécesseur ; il témoigna un grand respect pour la religion de l'Egyte en faisant restaurer les temples que Cambyse avait pillés avec autant de cupidité que l'avaient jadis fait les Assyriens, et en faisant rechercher un nouvel Apis pour remplacer celui que Cambyse avait tué. Il ouvrit de nouveau le canal qui reliait le Nil à la mer Rouge, et fit construire le grand temple d'Amon à la grande oasis d'El-Khargeh. Tout cela n'empêcha point qu'en 486 l'Egypte se révolta contre Darius et ne se donnât un roi nouveau nommé Khobbasch.

Xerxès Ier rentra en possession de l'Egypte, et rien ne vint troubler sa possession tant que dura son règne, de 483 à 455.

Artaxerxès Ier lui succéda et dut réprimer un soulèvement qui avait à sa tête un prince descendant des anciens rois et nommé Inaros. Ce fut sans doute sous son règne qu'Hérodote fit son voyage en Egypte.

En 405, sous Darius II, surnommé Nothos, l'Egypte réussit à s'affranchir du joug de l'étranger.

La xxviiie dynastie, originaire de Saïs, n'eut que trois rois Amyrtée Ier, Pousiris et Amyrtée II.

La xxixe dynastie, d'origine Mendésienne ne comprend également que trois pharaons Nephérités, Akhoris et Psamouthis, qui ont été retrouvés sur les monnments sous les formes de Nïfaaarout, Haqor et Psimaout.

La xxxe dynastie, originaire de Sebennytos, ou Samannoud, comprend aussi trois rois et vit définitivement la chute de l'empire égyptien.

Nectanébo Ier, en égyptien Nakhethorheb, régna de 382 à 364. Avec l'aide de Khabrias, chef de mercenaires athéniens, il repoussa une invasion des Perses commandé par Pharnabaze et l'athénien Iphicratès. Il eut le temps de s'intéresser aux œuvres de l'art et fit construire l'un des temples de Philée. Son sarcophage se trouve au *British Museum*, à Londres.

Il eut selon Manéthou, pour successeur Téôs, dont on ne sait rien.

Puis vient Nakhetnebef, ou Nectanébo II, le dernier anneau de cette longue chaîne de rois qui commence à Mînâ ou Ménès. Il régna douze ans, et dans ce court espace de temps, il fit de nombreuses restaurations ou constructions dans le Delta, à Thèbes et jusqu'à Philée. Sous le côté politique, il fut d'abord heureux dans les guerres qu'il entreprit grâce à des généraux grecs, tels que Diophantos, Lamios et Agésilas ; mais en dernier lieu il fut battu par les Perses qui s'emparèrent à nouveau de l'Egypte en 340. Nakhetnebef se sauva en Ethiopie en emportant ses trésors, et depuis jamais un Egyptien n'est remonté sur le trône des Pharaons.

La xxxie dynastie fut persane et dura seulement huit ans, jusqu'à la défaite de Darius Codoman, ou Darius III, par le grec Alexandre qui établit en Orient la prépondérance de la race grecque. C'est ainsi que finit l'antique Empire Egyptien.

La domination des Grecs en Egypte

La xxxiie dynastie, d'origine macédonienne dura 27 ans.

Alexandre, fils de Philippe, roi de Macédoine, surnommé le Grand, est accueilli en l'an 332 comme un libérateur par les Egyptiens qui ne pouvaient plus supporter le joug pesant des Perses. La conquête de l'Egypte ne lui coûta aucune difficulté et il sut gagner la confiance relative des Egyptiens en se montrant zélé pour leur religion, en sacrifiant au bœuf Apis et surtout en se rendant au temple d'Amon, dans la grande oasis, pour consulter l'oracle de celui dont il disait être le descendant authentique. Il ne resta que peu de temps en Egypte, partit pour continuer ses conquêtes, pousser jusqu'à l'Inde et revenir mourir à Babylone. Il voulut que son corps fût transporté dans la ville nouvelle qu'il avait fait bâtir en Egypte ; en effet, on lui fit de riches et splendides funérailles dont un historien grec nous a laissé le récit, et l'on plaça son corps dans l'endroit qu'a décrit Strabon et qui fût appelé Sôma de sa destination.

La ville nouvelle bâtie par le conquérant macédonien est Alexandrie. En parcourant la côte Nord-Ouest de l'Egypte, Alexandre observa qu'une ville placée en ces parages tiendrait facilement tête à toutes les autres villes pour concentrer en elle tout le commerce de la Méditerranée et de l'Europe, pendant que d'un autre côté elle serait nécessairement le débouché par lequel les produits de l'Orient passeraient en Occident. Il choisit comme emplacement de la nouvelle ville un promontoire anguleux, avec deux ports naturels ; derrière, c'est-à-dire au Sud-Ouest était le lac Maréotés, avec le Nil qui l'alimentait. Le conquérant macédonien fit, dit-on, tracer l'enceinte, qui avait environ quatre lieues, par ses soldats avec la farine qu'on leur avait distribuée : il s'était réservé à lui-même d'indiquer l'emplacement des édifices. La ville fut coupée par deux voies, comme une circonférence par deux diamètres formant des angles droits : elle fut ainsi partagée en quatre quartiers par des voies larges, dit-on, de 14 mètres et qui commandaient tout un système de rues, de ruelles tracées sur un plan donnant l'apparence d'un échiquier. Dans cette enceinte était comprise la forteresse égyptienne de Rakoti, qui forma le quartier Ouest et qui forme aujourd'hui la partie de la ville habitée spécialement par les indigènes. Le Bruchium, le quartier royal, était situé au Nord-Est et correspondait à l'emplacement qui va aujourd'hui de la mer et de la place des *consuls* jusqu'à l'obélisque faussement dénommé *aiguille de Cléopâtre* et au cap Lochias. Le quartier du Sud se nommait quartier du Soleil. Plus tard, la ville s'agrandit considérablement, et ces agrandissements seront signalés à mesure qu'ils se produiront. L'architecte grec Dinarque, celui qui, dit-on, proposa au fils de Philippe de lui tailler une statue colossale dans le mont Athos, fut chargé de diriger les travaux. A peine fondée, la ville d'Alexandrie fut envahie par une foule de gens toujours en quête de nouveautés, par les Juifs, par les négociants grecs, par des Asiatiques, par des représentants de toutes les nations alors connues : ce fut un vaste caravansérail pour le monde entier ; mais les Egyptiens n'y accoururent pas en grand nombre et se cantonnèrent à Rakoti : tandis que les nouveaux venus et le monde entier ne parlaient que d'Alexandrie, eux, ils n'appelèrent jamais la nouvelle ville que de l'ancien nom égyptien. Ils la considéraient en effet comme implantée de force sur le territoire égyptien par droit de conquête, comme une cité étrangère à leur pays, et tant que dura la domination grecque, c'est-à-dire jusqu'à l'arrivée des Arabes, ils dirent couramment : sortir d'Egypte pour aller à Rakoti et quitter Rakoti pour monter en Egypte. La population composée de ce mélange de nations diverses et formée dans de telles circonstances fut toujours une population fougueuse, ardente à la réaction : nous n'en verrons que trop la preuve dans les évènements qui passeront sous les yeux du lecteur, et cela jusqu'en ces dernières années.

La mort d'Alexandre, le 2 Avril 323, fut suivie, comme chacun sait, d'événements tumultueux. D'abord son frère, Philippe Arrhidée, fut proclamé roi, et le gouvernement de l'Égypte, de la Lybie et de la côte arabique fut donné à l'un des généraux d'Alexandre, Ptolémée, fils de Lagus. Peu de temps après, un fils posthume d'Alexandre, né de Roxane, la fille du roi de Bactriane, vint au monde et fut aussitôt associé à la couronne de son oncle Philippe Arrhidée ; mais bientôt la femme de celui-ci, Eurydice, fomenta la discorde entre son mari et Roxane qui dut chercher le salut de son fils dans l'Épire. En 317, la mère d'Alexandre, Olympias, ayant fait assassiner Philippe qui était né d'une autre femme, le jeune Alexandre Ægos fut seul roi, à l'âge de 6 ans. Cassandre lui ayant été donné comme tuteur, le jeune prince ainsi que sa mère fut jeté en prison ; car son tuteur convoitait l'héritage d'Alexandre : il y resta 6 autres années jusqu'à ce que les soldats du conquérant, mécontents de la position faite au fils de leur prince, exigèrent sa mise en liberté ; mais l'année suivante, en 311, le jeune homme fut empoisonné à l'âge de 13 ans.

Les noms des deux successeurs d'Alexandre et d'Alexandre lui-même sont inscrits sur plusieurs monuments de l'Egypte ; c'est à cette période de l'histoire égyptienne qu'il faut en effet faire remonter la restauration des villes et des édifices que les Perses avaient ruinés : Louqsor, Karnak, l'île d'Eléphantine, Tanis, les hypogées de Beni-Hassan, sont là pour le témoigner. Le commerce afflua dans la ville d'Alexandrie qui devint dès lors le centre du commerce pour le monde entier, ainsi que l'avait prévu son fondateur.

La XXXVIII° DYNASTIE fut la dernière des dynasties qui gouvernèrent réellement l'Égypte et lui furent particulières ; après elle, l'Égypte deviendra province romaine ou province byzantine, elle n'aura plus d'autonomie. Cette dynastie est nommée Lagide ou Ptolémaïque ; elle comprend vingt-et-un souverains et dura près de 300 ans, 275 ans en nombre juste.

Après les guerres qui s'élevèrent entre les divers généraux d'Alexandre, en 305 avant J.-C., Ptolémée qui avait gouverné l'Égypte sous les premiers successeurs d'Alexandre et en leur nom, ne résista point à l'exemple contagieux de ses collègues qui s'étaient taillés de petits royaumes dans les provinces qu'ils administraient en sous-ordre. Ayant toujours montré de la douceur et une certaine justice dans sa manière de gouverner, il s'était fait chérir de ses administrés qui se rangèrent d'eux-mêmes sous son autorité. Il est connu dans l'histoire sous le nom de Soter, c'est-à-dire Sauveur, qui lui avait été décerné par les Rhodiens. Le commencement de son règne, même une grande partie, se passa à faire des guerres continuelles à des compétiteurs jaloux de ses succès : ses anciens collègues ne pouvaient lui pardonner d'avoir si bien réussi où ils n'avaient guère fait qu'échouer. En 285, après vingt ans de règne, il associa à la couronne Ptolémée II, surnommé Philadelphe, son fils ; puis il abdiqua en sa faveur, et passa la fin de sa vie dans des honneurs presque divins, que tous ses anciens sujets lui rendirent à l'envie. A cette occasion, une fête fameuse fut célébrée dans la ville d'Alexandrie, et la description qui nous en a été donnée par Callixène de Rhodes nous fait assister à une véritable féerie, telle qu'on en voit dans les *Mille et une nuits*. Chose remarquable, ce prince méritait ces honneurs autant qu'un homme pouvait les mériter. Ce fut un prince civilisateur, plus encore que guerrier ; non seulement il comprit la pensée d'Alexandre en fondant la ville d'Alexandrie, mais il en fit plus que n'avait rêvé le conquérant macédonien. Il sut attirer dans la nouvelle ville et y fixer tout ce que la Grèce contenait de gens illustres ou simplement remarquables dans les lettres et dans les sciences. Il dota la ville de fondations qui avaient une grande utilité, et il sut en plus la décorer de théâtres, d'hippodromes, de gymnases qui attirèrent une véritable affluence de populations grecques. Il fut en réalité le second fondateur d'Alexandrie. Ses successeurs suivirent les traces de sa politique et c'est ce qui rendit l'Egypte prospère pendant plus de deux siècles, jusqu'au jour où les Romains en convoitèrent la possession et surent s'en rendre maîtres. Ptolémée Soter mourut deux ans après son abdication,

Ptolémée Philadelphe, sans avoir les talents de

son père pour la guerre, était un organisateur remarquable. Son règne qui dura trente-six ans fit le plus grand bien à l'Egypte. Il comprit que, pour avoir un commerce prospère, la première chose à faire, c'est d'avoir des routes sûres ; il s'appliqua donc à rouvrir aux communications les anciens chemins de l'Égypte à la mer Rouge ; il créa les ports de Bérénice et de Myos-Hormos, rouvrit les routes de Coptos à la mer Rouge, rétablit le *canal* qui faisait communiquer le Nil à la mer Rouge et attirait aussi le commerce de l'Arabie. Curieux de connaître tous les livres, il fit traduire, dit-on, la Bible en grec et c'est ce qu'on appelle la version des *Septante* ; il encouragea beaucoup le prêtre Manéthon à composer cette histoire d'Égypte dont les restes sont encore de nos jours le fil d'Ariane qui sert à guider l'historien dans le labyrinthe des diverses révolutions égyptiennes. Voyant l'importance que prenait de plus en plus l'empire romain qui venait de vaincre Pyrhus, il fit une alliance qui devait conduire l'Egypte à la dépendance.

L'an 247, Ptolémée III, surnommé *Evergète* ou *bienfaisant*, commença un règne de 26 ans, qui porta l'Égypte au faîte de la splendeur. Il reprit la politique des grands conquérants égyptiens : ses expéditions en Ethiopie et dans la Syrie lui soumirent presque toutes les provinces que comprenait l'empire égyptien sous la xviiie dynastie. Ses victoires l'ayant rendu maître de Suse et d'Ecbatane, il en profita pour en rapporter quantité de divinités égyptiennes, jadis faites prisonnières et enlevées par Cambyse, et cette action le fit surnommer Evergète par le peuple égyptien, charmé de voir rentrer en Égypte les défenseurs du pays. Sa cour fut le rendez-vous de tous les savants, et surtout des astronomes : de là vient que la constellation appelée *Chevelure de Bérénice* fut ainsi nommée pour flatter l'épouse d'Evergète, la célèbre Bérénice II.

Ces premiers princes de la dynastie des Ptolémées portèrent la puissance de l'Égypte jusqu'au plus haut degré ; mais il s'en faut de beaucoup que leurs successeurs aient suivi le même chemin et pratiqué la même politique. Peu à peu la prospérité amena son cortège ordinaire de vices, et les vices amenèrent les crimes que le lecteur va voir se dérouler sous ses yeux.

Ptolémée IV, en 222, ouvre la liste en faisant assassiner son père, comme le dit le peuple, et pour protester contre cette accusation il fait graver sur ses médailles le nom de Philopator : celui qui aime son père. Sous les premières années de son règne, la Syrie fut reconquise par Antiochus ; mais

Philopator réussit à infliger une sanglante défaite à son ennemi, près de Raphia. Sa sœur et épouse Arsinoé l'avait accompagné jusque sur le champ de bataille. Rentré dans la ville d'Alexandrie et soumis à son ministre Sosibe, il se livra à tous les excès et finit par faire assassiner sa femme, pour se donner tout entier à la courtisane Agathoclée. Arsinoé longtemps stérile lui avait donné un fils qui fut Ptolémée Epiphane et qui était âgé de cinq ans à la mort de son père. Les compagnons de Philopator cachèrent sa mort, afin de pouvoir piller le trésor royal et se partager le pouvoir pendant la minorité de son successeur.

Ptolémée V, Epiphane, régna de 205 à 181. Antiochus de Syrie profita de sa minorité pour enlever toutes les villes de Syrie soumises aux Egyptiens ; puis, par suite de ses guerres contre Rome, il rendit toutes ses conquêtes en les donnant comme dot à sa fille Cléopâtre, qui devait épouser Epiphane. L'an dix-huit de son règne, Epiphane s'était attiré le mépris et la haine de ses sujets par la manière arbitraire dont il exerçait son pouvoir ; lorsque chacun craignait pour sa vie, il fut empoisonné. C'est sous son règne que fut rendu le décret célèbre que nous a conservé la pierre de Rosette.

Ptolémée VI, régna de 181 à 146 ; à peine âgé

de cinq ans à la mort de son père, il eut pour tutrice jusqu'à sa majorité sa mère Cléopâtre. La onzième année de son règne, la guerre ayant éclaté entre l'Egypte et la Syrie, son armée fut taillée en pièces près du mont Casius, il devint prisonnier des Syriens qui s'emparèrent de Memphis. Les Egyptiens pour ne pas avoir d'interrègne appelèrent au trône son frère Evergète ; mais les Syriens ayant décidé de ne pas occuper l'Egypte, Ptolémée VI, qu'on avait surnommé Philométor, revint dans la ville d'Alexandrie et partagea son royaume avec son frère. Deux ans après, Evergète accepta le gouvernement de la Lybie et Philométor resta seul en Egypte ; mais la mésintelligence s'étant mise entre les deux frères, ils passèrent quatre années à se faire la guerre, puis ils se réconcilièrent. Il mourut après un règne de 35 ans.

A sa mort, Ptolémée Evergète II, septième du nom, frère de Philométor accourut de Cyrène où il se trouvait et s'empara du trône d'Egypte en épousant sa belle-sœur, sous le fallacieux prétexte de servir de tuteur à son neveu ; mais le jour de son mariage, il fit étrangler le jeune prince. Ce commencement ne fut pas déparé par la suite : il fut cruel de propos délibéré, presque par plaisir. Son peuple se souleva et le roi s'enfuit à l'étranger pour ramasser les troupes qui devaient l'aider à conquérir son royaume. Rentré dans la ville d'Alexandrie où, au lieu d'Evergète, le bienfaiteur, le peuple l'avait surnommé Kakergète, le malfaiteur, il s'efforça de s'attirer la confiance et pendant les dernières années de son règne, il se fit le protecteur des savants et écrivit même un commentaire sur la zoologie en 24 livres. Il mourut en l'an 117 av. J.-C.

Ptolémée VIII, Soter II, aussi surnommé Lathyre, fut choisi pour lui succéder, par droit d'aînesse par sa mère Cléopâtre, dite Cocce, quoiqu'elle eût préféré son second fils. Il dut répudier sa sœur, et épousa une autre de ses sœurs, nommée Sélêné (la Lune). Bientôt les menées de la reine Cléopâtre, qui fit répandre le bruit que son fils voulait la faire assassiner, soulevèrent la ville d'Alexandrie et Soter II dut s'enfuir à Chypre, après un premier règne de 10 ans. (107 av. J.-C.).

Ptolémée IX, Alexandre, lui succéda, appelé au trône par sa mère : il se brouilla bientôt avec l'impérieuse princesse et se retira à Chypre pendant que son frère Soter préparait en Syrie une expédition contre l'Egypte : la menace d'une invasion de l'Egypte par Soter le fit rentrer en grâce près de sa mère ; mais le danger ayant disparu, Cléopâtre prit le parti de se débarasser d'Alexandre qui la prévint en la faisant assassiner. Surpris dans son crime, il dut s'enfuir dans l'île de Cos, pour échapper à la fureur des Alexandrins qui rappelèrent son frère. C'est lui, dit-on, qui fit enlever le sarcophage d'or dans lequel reposait Alexandre-le-Grand pour lui substituer un sarcophage de verre.

Soter II, rappelé en 89, fut reçu avec une grande joie par les Alexandrins ; mais la Haute Egypte ne voulut pas le reconnaître, et il dut la soumettre : ce fut pendant cette expédition que les monuments de Thèbes souffrirent beaucoup de déprédations. Soter mourut en 82.

Ptolémée X, Alexandre II, lui succéda et régna neuf ans ; mais non sans difficultés, car à la mort de Soter II, sa fille Bérénice devint d'abord reine ; mais un fils d'Alexandre Ier, alors détenu à Rome, près du dictateur Sylla, se rendit en toute hâte dans la ville d'Alexandrie et, pour ne pas livrer l'Egypte aux horreurs de la guerre civile, il épousa Bérénice et régna sous le nom d'Alexandre II ; il la fit assassiner dans la suite. Son règne fut peu fertile en évènements : il essaya de se rendre agréable à ses sujets ; mais les Egyptiens ne purent lui pardonner le meurtre de Bérénice, la ville d'Alexandrie finit par se soulever contre lui, à cause de ses cruautés, et par le chasser de l'Egypte. Il mourut à Tyr, léguant par testament l'Egypte aux Romains.

Les habitants de la ville d'Alexandrie choisirent un membre de la famille des Ptolémées, Ptolémée Denys, pour succéder à Alexandre II : c'est celui qui a été surnommé Aulète à cause de sa passion pour la flûte. Le testament d'Alexandre II ne fut pas accepté par Rome et Jules César, qui avait d'abord voulu en faire reconnaître la légitimité, devint un partisan d'Aulète. Mais les Alexandrins se révoltèrent contre lui, le chassèrent, firent asseoir sur le trône ses deux filles Cléopâtre et Bérénice ; alors les Romains, Cléopâtre étant morte, replacèrent Aulète sur son trône : il en profita pour faire mourir sa fille Bérénice et tous ceux qui lui avaient prêté secours. Il mourut lui-même la troisième année de sa restauration après un règne total de 24 ans, de 79 à 52.

Le fils aîné d'Aulète et sa sœur Cléopâtre montèrent alors sur le trône : Cléopâtre étant majeure prit le titre de reine. C'est la fameuse Cléopâtre dont parle l'histoire. Elle épousa successivement ses deux frères qui moururent l'un après l'autre. Elle se fit chasser d'Alexandrie et se retira en Syrie d'où elle se disposa à conquérir l'Egypte. Mais les évènements ne lui laissèrent pas cette peine ; Pompée, vaincu à Pharsale par Jules César, vint demander un asile au Ptolémée qui régnait alors, et ne rencontra que la mort. Malgré la duplicité de Ptolémée qui avait voulu faire sa cour au vainqueur, celui-ci attaqua, près de Péluse, l'armée égyptienne qu'il rejeta dans le Nil où Ptolémée fut noyé. Il rappela Cléopâtre qui régna de nouveau avec son second frère qu'elle fit assassiner en l'an 42. De son commerce avec Jules César, elle avait eu un fils qui est connu dans l'histoire sous le nom de Ptolémée Césarion. Elle envoya sa flotte au secours des triumvirs dans leur lutte contre Cassius, et les triumvirs lui permirent de donner le titre de roi d'Egypte au jeune Césarion. Accusée cependant d'avoir favorisé Cassius sous main, elle fut citée à comparaître devant Antoine à Tarse en Cilicie. Elle s'y rendit en tel appareil, sur sa barque fameuse, que le triumvir en fut ensorcelé et la suivit bientôt en Egypte (41). Il vécut auprès d'elle, quand ses expéditions guerrières, comme la conquête de l'Arménie, ne l'appelaient pas ailleurs, et il lui apportait son butin. Il la proclama reine des rois et son fils Césarion roi des rois (36). C'est là que commença l'inimitié d'Antoine et d'Octave qui devait se dénouer à Actium. La reine d'Egypte assista à cette bataille célèbre chantée par Virgile, elle fut la première à prendre la fuite, suivie de son adorateur ; celui-ci organisa la résistance, pendant que son amie faisait offrir son sceptre au vainqueur. Puis elle s'enferma dans un tombeau et fit répandre le bruit de sa mort. Antoine, ne voulant pas lui survivre se perça de son épée ; mais avant de mourir, il eut le temps de connaître la supercherie de son idole. La reine croyait qu'elle pourrait subjuguer Octave par ses charmes ; mais Octave résista et la reine, comprenant qu'elle avait perdu la partie, se fit piquer par un aspic et mourut. C'est ainsi que l'Egypte devint province romaine.

L'histoire de cette dynastie ptolémaïque, si heureuse et si grande d'abord, qui se perdit ensuite par la licence, le crime et l'ambition démesurée du pouvoir, demande quelques réflexions que le lecteur ne sera sans doute pas fâché de trouver ici. Le succès des premiers Ptolémées n'est pas difficile à expliquer. L'Egypte venait de traverser une longue période de désarroi politique et moral ; trouvant chez le premier des Lagides une très grande bonne volonté de se faire bien venir des Egyptiens, comme cette bonne volonté était servie par une grande puissance physique, il ne fut pas difficile que l'harmonie régnât entre le gouvernant et les gouvernés. Ce qui touchait le plus les Egyptiens, c'était leur religion : ce qui leur avait surtout fait détester les Grecs et toutes les nations du Nord en général, c'est que, partis du même point de départ que le peuple égyptien, ils sont arrivés à toute autre chose apparemment. Les Ptolémées eurent l'esprit de le comprendre : au lieu de travailler à gréciser l'Egypte, ils travaillèrent à s'égyptianiser eux-mêmes, laissant au temps, à l'habitude d'une vie commune et d'une fréquentation journalière, le soin de faire progresser la civilisation égyptienne. Ils n'eurent aucune difficulté à se croire les chefs de la religion égyptienne, au même titre que les anciens Pharaons dont ils étaient devenus les successeurs ; ils eurent grand soin de couvrir le sol égyptien de temples qui célébraient leurs vertus officielles et qui témoignaient de leur religion ; ils firent même couvrir les murs de ces temples de scènes et de légendes où les rites du culte égyptien sont exposés et illustrés tout au long : sous ce point de vue, les grands et magnifiques temples de Dendérah, d'Edfou, de Philée, pour ne pas parler des moindres, sont des monuments inappréciables pour l'histoire des idées humaines. Ils travaillèrent à embellir ceux qu'ils ne construisirent pas : c'est ainsi qu'au Sérapéum de Memphis, ils construisirent ce demi-cercle où se trouvaient les statues des hommes les plus célèbres de la Grèce ; c'est ainsi que fut construit dans la ville même d'Alexandrie cet autre Sérapéum dont la renommée devint universelle. Tout ce qu'il y avait de gens éclairés dans le monde grec et romain fut bientôt attiré par les initiations secrètes des cultes de Sérapis, qui n'était que le nom grec de l'Osor-Hapi égyptien, et jamais l'Egypte n'eut autant de vogue que dans cette époque. Si l'on veut s'en tenir à cette constatation superficielle, on trouvera que l'Egypte joua un grand rôle dans le développement de la civilisation humaine ; mais combien ce rôle n'apparaîtra-t-il pas plus grand, si l'on veut bien se dire que, sous les voiles qui cachaient au vulgaire les idées profondes, il y avait des idées éminemment morales auxquelles l'Egypte était déjà parvenue depuis longtemps, qu'elle avait peut-être trop jalousement gardées pour elle et qui se répandaient alors d'elles-mêmes sur le monde.

Les hommes qui avaient été assez habiles pour comprendre la nécessité de cette ligne de conduite dans la question religieuse, ne pouvaient manquer de faire semblablement dans les questions politiques. Au lieu de bouleverser l'administration égyptienne, ils n'eurent qu'à se laisser aller au fil du courant égyptien, tout en prenant leurs précautions en vue de la sûreté et de la continuité de leur pouvoir. On a souvent dit que les Ptolémées en Egypte innovèrent beaucoup, qu'ils instituèrent quantité de choses inconnues aux Egyptiens : ce serait bien plutôt le contraire qui serait vrai. Malgré les révolutions, les guerres civiles ou étrangères, la machine gouvernementale était si solidement établie en Egypte, qu'elle avait toujours continué de marcher toute seule, en vertu du mouvement imprimé et de la vitesse acquise. Les Ptolémées se contentèrent de conserver toutes les charges et les fonctions administratives de l'Egypte ancienne, en leur donnant un nom correspondant en grec à côté de leur nom antique en Egyptien ; les premières et les plus importantes de ces charges, ils les réservèrent à des Grecs ; les autres, ils les laissèrent entre les mains des Egyptiens. Ils conservèrent l'ancienne division administrative de l'Egypte, en l'augmentant quelque peu ; ils s'aperçurent bien vite que leur capitale était trop éloignée du centre de l'Egypte : ils songèrent à créer un autre centre dans la Haute-Egypte d'où l'autorité put aisément se faire sentir jusqu'aux extrémités de leur empire. C'est pour remplir ce rôle que fut fondée la ville de Ptolémaïs, dans la Haute-Egypte, non loin d'Abydos, nommée Pesoi par les indigènes, ou plûtot que fut restaurée l'une des plus anciennes villes égyptiennes, la ville de Thinis qui avait donné son nom à quelques-unes des premières dynasties. Il y eut donc comme deux gouvernements, celui de la Basse-Egypte et celui de la Haute-Egypte. Leurs territoires étaient divisés en nomes, comme dans l'ancien temps : chaque nome avait son chef ou son stratège, soumis à un chef de principauté, nommé épistratège, lequel était soumis au gouverneur, et ces grands fonctionnaires relevaient de l'Epistolographe, le scribe en chef de l'administration pharaonique, lequel était un ministre d'Etat et du culte. Non content de cette administration, les Ptolémées, suivant toujours l'exemple des Pharaons, envoyèrent dans les diverses provinces de l'Egypte des *chrématistes*, juges ambulants qui rappellent les *missi dominici* de Charlemage ; ils avaient ordre de se rendre compte du bon ou du mauvais fonctionnement de la machine administrative : autrefois les fonctionnaires appelés les *yeux* et les *oreilles* du roi avaient une mission analogue.

Il n'est pas étonnant après cela que l'administration ptolémaïque ait été pleine de succès et que l'Égypte soit devenue prospère. Les Ptolémées ont acquis un autre titre de gloire près de la postérité par les embellissements successifs dont ils gratifièrent la ville primitivement fondée par Alexandre. Les trois premiers Lagides firent d'Alexandrie une véritable merveille pour ce temps là. Ils construisirent en face d'Alexandrie, dans l'île de Pharos, le premier phare que mentionne l'histoire et que commença d'édifier l'architecte Sostrate de Cnide dans la première année du IIIe siècle avant J.-C. (299) ; il en restait encore des traces au XIVe siècle de notre ère. L'île de Pharos elle-même fut reliée à la ville par une jetée qui porta le nom de *Heptastadion*, parce qu'elle avait sept stades de longueur. La rade fut ainsi divisée en deux ports, le *grand port* qui s'est ensablé, à l'Est, et à l'Ouest le port du bon retour, *Eunoste*, qui communiquait avec celui de l'Est par deux brèches faites dans le Heptastade et munies de ponts levis. Le port d'Eunoste communiquait encore avec le lac Maréotis, et par suite avec le Nil, par le port de Kibotos, des lacs et des aqueducs. Il n'est pas surprenant dès lors que tout le commerce du monde alors connu, se soit concentré dans les entrepôts d'Alexandrie. Ce n'est pas seulement d'ailleurs le commerce qui fut favorisé par les nouveaux maîtres de l'Égypte, l'agriculture fut spécialement encouragée, et les sciences, les arts, furent protégés tout comme ils l'avaient été aux époques les plus florissantes des dynasties nationales. L'architecture reçut surtout des encouragements : on bâtit de superbes palais, sous Cléopâtre entre autres, et le vieux style égyptien fut remis en honneur et atteignit à des effets vraiment magnifiques, comme au kiosque de Philée. Ptolémée Soter avait été le disciple d'Aristote et avait recueilli de sa fréquentation avec cet homme extraordinaire au moins un très grand amour de la science et des savants. Il attira à sa cour les savants, les lettrés et les artistes ; il leur donnait l'hospitalité dans son propre palais et finit par leur bâtir une demeure magnifique pour l'époque, nommée le *Museum*, où étaient mises à leur disposition toutes les facilités désirables pour vivre en paix et cultiver la science. Ce Muséum communiquait avec les palais royaux; à eux seuls ils couvraient le quart de la superficie de la ville nouvelle, dans la région aujourd'hui en partie envahie par les flots, en partie déserte, qui s'élève depuis *l'aiguille de Cléopâtre* jusqu'à la *Quarantaine* et au fort Pharillon, sur les restes du cap Lochias, au témoignage de Strabon. On n'y était admis que par le choix des rois, et c'était un véritable conservatoire scientifique. Cette création répondait si bien aux mœurs et aux besoins de l'époque qu'elle devint très florissante. Elle était uniquement réservée aux savants de naissance grecque, et par là elle était quelque peu étroite et bornée. Ce fut là que brillèrent les poètes et les philosophes de second ordre, car il n'y en avait aucun de prééminent, dont la réunion est connue dans l'histoire sous le nom d'*Ecole d'Alexandrie* ou des *Alexandrins*, la première de ces appellations ayant été surtout réservée à une école spéciale de philosophes qui ne commence qu'au IIe siècle de notre ère. Parmi les savants et les poètes compris sous le nom d'Alexandrins, on distingue surtout, pour les poètes : Théocrite, l'auteur des idylles, Apollonius de Rhodes, Callimaque, Lycophron, Philétas de Cos, etc. ; parmi les érudits : Zénodote, le fondateur de la critique des textes, Aristarque qui personnifie encore le suprême bon goût. Mais ce qui contribua le plus à donner de la gloire à l'école d'Alexandrie, ce furent les gens de sciences : toutes les sciences furent en grand honneur au Muséum, mécanique, mathématiques, médecine, histoire naturelle. L'astronomie y était représentée par Hipparque, Apollonius de Perga et le célèbre Ptolémée ; la géométrie par Euclide ; la mécanique par l'immortel Archimède, la médecine par Hérophile et Erosistrate ; l'histoire naturelle par Théophraste et Dioscoride. Ces grands hommes, les pères de nos sciences modernes, méritaient sans doute la réputation que les Grecs leur ont faite ; mais un grand nombre de ce qu'on nomme leurs découvertes avaient déjà été connues des anciens Égyptiens. La sagesse des anciens Égyptiens avait déjà été accumulée dans le Muséum, grâce à la bibliothèque si connue qu'avait créée Ptolémée Soter avec les ouvrages d'Aristote et ceux qu'il possédait : elle eut pour premier direc-recteur Démétrius de Phalère, l'ancien gouverneur d'Athènes et l'un des plus habiles écrivains de l'époque. Cette bibliothèque était surtout composée d'ouvrages grecs ; mais l'on y trouvait aussi des œuvres égyptiennes dont on avait fait des traductions et des copies, et parfois la violence ne demeura pas étrangère à l'approvisionnement de cette bibliothèque. Autour d'elle, il y avait des jardins zoologiques et botaniques, un observatoire pour les observations astronomiques, des laboratoires, des salles pour la dissection, des collections de tableaux et de statues : rien n'avait été épargné pour en faire le plus beau monument élevé par l'antiquité au génie de l'homme.

Le Sérapéum de Memphis eut aussi une bibliothèque ; car sous le règne d'Evergète II, la bibliothèque du Muséum étant devenue trop petite, le trop plein en fut déversé dans la collection du Sérapéum qui compta environ 300.000 volumes. La première s'appelait *Bibliothèque mère* et la seconde *Bibliothèque fille*.

On peut juger maintenant de ce que fut la ville d'Alexandrie pour les arts et les sciences. On a dit à ce propos que l'influence égyptienne fut presque nulle sur les savants grecs qui étaient à la tête du Muséum d'Alexandrie. Je crois que c'est une erreur complète : la civilisation égyptienne, par l'étonnement et le respect qu'elle inspirait à cause de son antiquité, exerça au contraire une très grande influence sur les nouveaux venus. Il ne pouvait pas manquer d'en être autrement. Le pouvoir politique avait conservé la plus grande partie de l'administration pharaonique, il avait adopté l'union du pouvoir civil et du pouvoir religieux sur une seule tête, il élevait aux dieux de l'Egypte des temples dans le pur style égyptien, toutes les coutumes du peuple continuèrent comme si de rien n'était, et l'on voudrait que des gens, vivant au milieu des Egyptiens, ayant des rapports journaliers avec leurs prêtres, n'eussent ressenti aucune influence de toutes ces circonstances particulières ? C'est demander l'impossible. Aussi trouve-t-on chaque jour des faits qui ne peuvent s'expliquer que dans le sens de cette influence que j'essaie de déterminer. Qui se serait douté, par exemple, que Virgile en écrivant, au quatrième livre des Géorgiques, l'épisode du pasteur Aristée, ait pu emprunter à l'Egypte l'idée du sacrifice par lequel Aristée fait ressusciter ses abeilles ? C'est cependant ce qu'affirmait le commentateur Servius, et l'on aurait pu trouver dans les poètes alexandrins certains passages qui l'eussent fortement donné à entendre ; c'est ce qui est visible aujourd'hui, car ce sacrifice était l'un de ceux qui se célébraient dans la deuxième partie du service des funérailles en Egypte. C'est sur le conseil des prêtres égyptiens que les Ptolémées donnent des ordres pour la régularisation du calendrier, comme nous l'apprend le décret de Canope ; c'est en Egypte que Jules César prit la première idée de la réforme qui porte son nom.

V

L'Egypte sous la période romaine, jusqu'au partage de l'Empire romain en Empire d'Orient et Empire d'Occident.

Devenue partie intégrante de l'empire romain, au même titre que les autres provinces de l'Empire, privée de toute autonomie, uniquement regardée comme une province riche où les gouverneurs pouvaient aller sans crainte faire ou refaire leur fortune, l'Egypte est définitivement déchue et n'a plus d'histoire propre. De temps en temps ses gouverneurs se soulèvent contre l'autorité centrale, et l'Egypte porte naturellement la peine des révoltes où elle était toujours prête à se jeter à la suite de ses chefs :

<blockquote>Quidquid delirant reges, plectuntur Achivi,</blockquote>

selon le mot d'Horace. Aussi n'a-t-elle plus aucune influence sur le monde et ne s'inquiète-t-elle guère du César qui gouverne. Cependant nous verrons qu'à la fin de cette période l'Egypte exercera encore une immense influence sur le monde civilisé ; mais cette influence ne sera plus politique, elle sera une influence purement religieuse.

Quand Octave, l'an 30 avant J.-C., réduisit l'Egypte en province romaine, il ne changea rien à l'administration précédente ; mais il remplaça par des Romains les plus hauts fonctionnaires grecs. Cependant l'Egypte put s'apercevoir de sa servitude, car sa langue qui, jusque là, avait marché sur un pied d'égalité avec la langue grecque, fut définitivement rejetée comme langue officielle : le grec seul survécut. Octave se hâta de faire mettre à mort le prince Césarion qui représentait seul la lignée des princes dépossédés, et qui était plus proche parent du grand César qu'Octave lui-même. Quand Octave changea son nom en celui d'Auguste et ceignit la couronne impériale, l'Egypte devint propriété impériale, on lui envoya un gouverneur qui fut appelé *Préfet d'Egypte* ou *Augustal* ; et, afin que ce gouverneur n'eût pas des velléités d'indépendance, qu'il ne fût pas trop puissant, on eut soin de le prendre parmi les chevaliers, et non parmi les sénateurs, de le surveiller de très près, de le punir à la moindre faute et de ne le laisser que peu de temps dans son gouvernement. Sauf ces petites mesquineries qui étaient très importantes pour cette époque, car elles étaient la sauvegarde du nouvel état de choses qu'avait créé l'élévation d'Auguste à l'empire, l'administration romaine se montra large, tolérante, très économe des deniers publics et des forces du peuple, très productive pour la contrée. Il fallait trouver des provinces capables de fournir au peuple romain le blé dont il avait besoin, et à ce point de vue l'Egypte, par sa merveilleuse fécondité, était l'une des provinces nécessaires à la ville éternelle. Aussi s'occupa-t-on avec le plus grand soin de tout ce qui pouvait assurer la fertilité de l'Egypte : les troupes furent occupées à curer les canaux, à en creuser de nouveaux. On n'oublia point les grands travaux entrepris sous la dynastie précédente pour assurer l'achèvement des édifices religieux : les Césars de Rome eurent leurs noms inscrits dans un cartouche, accompagnés quelquefois de leurs portraits dans le style égyptien, et tel temple, comme celui d'Esneh, est dû presque tout entier à l'administration romaine. Ce fut sous le règne d'Auguste qu'on transporta à Rome quantité de petits obélisques qui décorent aujourd'hui, comme au temps passé, les places de la ville éternelle. Un commerce très actif s'établit entre Alexandrie et Naples, ou Pouzzoles ; puis entre Alexandrie et les Indes, grâce aux ports qui étaient sur le littoral de la Mer Rouge. Sous Auguste, le nombre des navires qui faisaient le commerce avec l'Inde fut porté de 90 à 120 ; ils partaient de la ville d'Alexandrie et remontaient le Nil jusqu'à Coptos ; des caravanes transportaient alors les marchandises en six journées, jusqu'à Myos-Homos, et en douze jusqu'à Bérénice ; dans ces deux ports, les marchandises étaient chargées sur d'autres navires qui les transportaient dans l'Inde. Une circonstance heureuse vint apporter plus de facilité à ce commence : vers l'an 50 avant notre ère, le grec Hippalos découvrit, dit-on, le moyen de tirer parti des moussons qui soufflent sur l'Océan Indien : le voyage était ainsi beaucoup abrégé ; mais il est très probable que cette découverte avait été faite longtemps auparavant par les hardis navigateurs égyptiens.

En l'an 24, le voyageur grec Strabon parcourt l'Egypte, et deux ans plus tard, en 22, les Romains se hasardent en Ethiopie et repoussent une invasion de la candace d'Ethiopie. Les arts furent protégés ; mais le Muséum déclina rapidement. Tandis que l'intérieur de l'Egypte était tranquille, Alexandrie commence à faire des révolutions inquiétantes. Quoique les premiers qui voulurent visiter l'Egypte après la conquête éprouvassent certaines difficultés à réaliser leurs projets par suite de la conduite soupçonneuse des autorités, cependant la mode vint assez vite de visiter ce pays, de se rendre dans ses écoles, de se faire initier à ses mystères, d'aller demander la santé à son climat. Le goût pour les religions orientales envahit alors Rome, comme il avait envahi la Grèce : il y eut des temples d'Isis à Rome, à Pompéi, dans un grand nombre de villes du littoral.

Tibère, le successeur d'Auguste, 14-37 après J.-C., continua les procédés de douceur et de justice employés par Auguste : il destitua, en l'an 19, un préfet qui avait récolté un tribut supérieur au chiffre fixé, disant qu'il voulait bien tondre ses troupeaux, mais non pas les écorcher. Il fit achever le temple de Deboud, en Nubie, et achever la salle hypostyle de Denderah, laquelle contenait les fameux zodiaques dont l'un est aujourd'hui la richesse de la *Bibliothèque Nationale*. En l'an 19, Germanicus visite l'Egypte, les Pyramides, Memphis et son Sérapéum, le lac Mœris et le labyrinthe qui en constituait la porte, Thèbes et ses magnificences, se faisant expliquer les inscriptions hiéroglyphiques relatant les hauts faits de Sésostris.

Sous le règne de Caligula, en l'an 40, eut lieu la sédition d'Alexandrie qui rendit nécessaire l'ambassade à la tête de laquelle était le Juif Philon.

Ce Philon a laissé une grande renommée et a exercé une assez forte influence sur les idées des siècles qui suivirent, car il est le premier qui tenta d'allier ensemble le Platonisme et ce qu'on a appelé le Mosaïsme : il a laissé de nombreux ouvrages où se montre la teinte mystique de son esprit. Il fut le précurseur des Pères Alexandrins de l'Eglise chrétienne et des philosophes néoplatoniciens.

Claude (41-54) dut apaiser une nouvelle révolte des Juifs d'Alexandrie ; il essaya d'enrayer la décadence de l'ancienne école d'Alexandrie en fondant un nouveau *Museum*, mais sans y pouvoir réussir. Afin de subvenir aux constructions coûteuses de la Rome impériale, il fit exploiter à nouveau les carrières de porphyre de la côte égyptienne sur la mer Rouge, et ces carrières s'appelèrent *Mons Claudianus*, aujourd'hui le Gebel-Doukhân.

Néron (54-68) voulut aussi voir l'Egypte, comme il avait vu la Grèce ; mais sa volonté ne s'accomplit point, quoique les habitants de la vallée du Nil lui eussent préparé une réception magnifique. Il avait envoyé une expédition à la recherche des sources du Nil ; mais cette expédition ne put obtenir le but qu'elle poursuivait.

Vespasien, après les règnes de quelques empereurs éphémères, fut salué empereur en Egypte, en 69, par le préfet d'Alexandrie. On commit beaucoup d'exactions sous son règne ; les Juifs se révoltèrent de nouveau dans la ville d'Alexandrie, et c'est alors que fut détruit le temple d'Onion qui avait été élevé l'an 179 avant J.-C.

En l'an 79, Titus visite l'Egypte.

En l'an 116, sous Trajan, les Juifs organisent une violente sédition, assiègent Alexandrie et promènent la dévastation dans la Basse-Egypte. L'année suivante, le pays est pacifié et la ville d'Alexandrie reconstruite, sous le règne de Hadrien.

L'une des causes des révoltes fréquentes des Juifs Alexandrins, comme ce fut aussi le cas pour un grand nombre de villes de l'Asie mineure, était la haine que les Juifs portaient à tous ceux qui ne croyaient pas en leur Dieu et qui adoptaient les doctrines nouvelles du Christianisme. La cause de la ruine définitive de Jérusalem par Titus, en 70, n'avait pas été autre, et en Egypte les mêmes causes opéraient les mêmes effets, quoique les Juifs y aient joui d'une liberté beaucoup plus grande que partout ailleurs. Le christianisme s'était déjà implanté dans la ville d'Alexandrie. La légende de l'Eglise copte veut que ce soit saint Marc, disciple de saint Pierre, qui ait prêché le Christianisme dans la ville d'Alexandre : il avait bâti une petite église, dit-on, dans le quartier nommé *La maison aux vaches*. Sa prédication ayant attiré l'attention, il fut obligé de s'enfuir dans la Pentapole ; il retourna bientôt, trouva un aide dans la personne d'un savetier, nommé Ananios, qui fut son successeur dans le gouvernement de la communauté chrétienne, et finalement fut martyrisé. La petite église vécut sans bruit, faisant le plus de prosélytes qu'elle pouvait, et en l'an 150 de notre ère nous trouvons qu'elle était fortement organisée, car c'est vers cette époque que Clément d'Alexandrie monte dans la chaire du didascalée chrétien de cette ville, après d'autres docteurs moins célèbres. Cette église eut une vie à part dans l'Egypte ; l'Egypte, elle, était en dehors de ce mouvement religieux. A peine sortie des premiers jours de l'enfance, elle eut à lutter contre de puissants ennemis, surtout contre les Gnostiques. Les Gnostiques étaient une sorte de petite société fermée qui s'attribuait le privilège d'être élue par la seule possession de la science, la *Gnose*. D'autres pays eurent leurs docteurs gnostiques ; mais nulle part il n'y en eut de plus célèbres et de plus profonds que dans la ville d'Alexandrie. Le Gnosticisme eut pour but d'expliquer aux hommes l'introduction du mal dans le monde : comprenant que la cause première ne pouvait être l'origine du mal, ils imaginèrent une série de dégénérescences successives qui arrivaient à produire le mal. Pour eux le monde était triple : le monde supérieur, le monde intermédiaire qui descendait jusqu'à la lune, et le monde que nous habitons. Le monde supérieur était habité par les premières émanations divines, où il y avait cependant eu une défaillance dans l'un des anneaux de la longue chaîne d'être supérieurs, ou *æons,* qui peuplaient l'empyrée ; cette dégénérescence alla toujours en augmentant à mesure que les anneaux de la chaîne devenaient plus nombreux, jusqu'à l'homme. L'homme qui ne recevait pas le bienfait de la *Gnose,* quoique Jésus se fût incarné pour le sauver, ne pouvait aspirer en rien au bonheur de la félicité éternelle ; celui qui au contraire avait été initié à cette merveilleuse Gnose avait beau commettre tous les péchés, il ne pouvait pas ne pas être sauvé. Cette doctrine était commune à tous les Gnostiques ; les Gnostiques égyptiens surent l'agrémenter de toutes les imaginations possibles. Satornilus, Basilide, Carpocrate, Valentin, Héracléon, Ptolémée ajoutèrent quelque chose aux systèmes de leurs prédécesseurs ; mais dès Basilide et Valentin, il n'y avait plus guère à modifier. Le premier est célèbre pour avoir imaginé ses 365 cieux, ou mondes, qui s'abaissaient vers la terre, par son Dieu-Néant, qui n'était autre que le Dieu en puissance, et par les Abraxas que ses disciples adoptèrent ; le second l'est par la poésie dont il entoura un système analogue dans ses principales parties à celui de Basilide, sauf que son Plérôme ne se composait que de trente mondes. Les Pères de l'Eglise ont conservé les principaux linéaments des divers systèmes Gnostiques, mais tellement défigurés par l'analyse et la réfutation qu'ils ne sont pas reconnaissables. Chaque secte (elles étaient fort nombreuses) s'appuyait sur des *Evangiles* et des *Révélations* apocryphes dont les Pères ne nous ont guère conservé que le nom. Fort heureusement on a retrouvé dans les papyrus et les parchemins de l'Egypte chrétienne des ouvrages entiers des docteurs Gnostiques, comme le livre de *Pistis Sophia*, le livre du *Logos en chaque mystère*, et celui des *Invisibles divins*. L'Egypte ancienne avait fourni une grande partie des doctrines qui avaient fait le Gnosticisme égyptien, et il n'y a guère de différence entre la manière dont il fallait que l'âme élue se comportât dans chacun des mondes qu'elle avait traversés avant d'arriver au lieu du Dieu de vérité et celle dont les âmes devaient traverser chacun des douze domaines de la nuit dans le monde souterrain de l'antique Egypte. Et en outre l'Ogdoade Valentinienne, avec son Dieu primordial nommé Buthos, l'abîme, ressemble à s'y méprendre à l'Ennéade égyptienne, composée d'un dieu solitaire et de huit autres dieux. Le *Gnosticisme* vécut longtemps, et jusqu'au viie siècle les moines de l'Egypte employaient des expressions qui avaient bien l'air gnostiques. Il finit par s'éteindre de lui-même et ne se répandit guère au-delà d'Alexandrie et de quelques-uns des nomes circonvoisins.

Le Christianisme mit en effet assez de temps à pénétrer l'Egypte : hormis Alexandrie qui semble avoir été un terrain préparé tout exprès pour recevoir la semence nouvelle, il n'eut pas tout d'abord en Egypte une brillante destinée. Il remonta cependant peu à peu le fleuve, grâce aux stations commerciales établies sur le Nil, et nous avons la preuve qu'il en fut ainsi dans les *Actes des Martyrs* de l'Egypte qui tous ont pour théâtre une station maritime, quand ils sont anciens. Le Christianisme orthodoxe se garda bien d'avoir la morale relâchée des Gnostiques, et par là il devait finir par plaire à l'Egypte qui avait reçu des aïeux une doctrine morale très élevée. Nous verrons bientôt que, pour s'acclimater en Egypte, il devait faire de graves compromis avec les doctrines séculaires du peuple égyptien.

L'empereur Hadrien est un grand voyageur, et sa femme, l'impératrice Sabine, ne lui cédait rien pour le goût des voyages. Ils visitèrent l'Egypte, et la ville d'Alexandrie fit frapper une magnifique médaille à cette occasion, avec l'exergue πατηρ πατριδος, Père de la patrie. Hadrien examina tout ce qui se présentait à ses yeux, frappé de ce qu'il voyait, mais ne voulant guère en convenir et écrivant la fameuse lettre que nous a conservée Tacite. Son nom et celui de sa femme Sabine furent gravés sur l'une des statues colossales d'Aménophis III qui dominent encore la plaine de Thèbes. Cette statue porte plus de 70 signatures de voyageurs grecs ou romains : c'était alors la mode de graver son nom sur le colosse renversé sur le sol par le tremblement de terre de l'an 27 avant J.-C. Le voyage de l'empereur Hadrien devait être conservé au souvenir de la postérité par la fondation d'une ville en l'honneur de son favori Antinoüs (132). Antinoüs, qui était aussi du voyage, se noya dans le Nil près de la ville actuelle de Scheikh-Abadeh. L'empereur voulut perpétuer le souvenir de son favori par la fondation d'une ville : cette ville fut appelée à de grandes destinées, car elle devint bientôt la capitale du Sa'id ou Haute-Egypte, nommée Thébaïde par les historiens grecs. Ce fut une ville grecque plutôt qu'égyptienne : jusqu'au commencement de ce siècle on en pouvait encore admirer les édifices ruinés, sur la rive droite du Nil, presqu'en face de la ville actuelle d'Eschmouneïn. Aujourd'hui il n'en reste plus rien, mais nul doute que des fouilles habilement conduites ne vinssent à mettre au jour quantité de monuments intéressants. Rentré en Italie, Hadrien importa avec lui le goût des choses d'Egypte : dans sa célèbre villa de Tibur, il imita quelques-uns des monuments égyptiens, sans compter qu'il eut de nombreux imitateurs qui essayaient de lui faire ainsi leur cour. C'est à cette époque qu'il faut attribuer la confection de la célèbre mosaïque de Palestrina.

Sous l'empereur Antonin le Pieux (138-161), une nouvelle sédition de la populace alexandrine, pendant laquelle le préfet fut assassiné, dut être réprimée. La politique des Antonins, quoique très paternelle et remplie de bon vouloir pour les habitants de l'Egypte, ne put venir à bout de la haine que les Egyptiens portaient aux étrangers. Antonin fit faire de nombreuses constructions où se voit son nom conservé par les inscriptions hiéroglyphiques. Ce détail nous montre combien est vraie la célèbre affirmation de Clément d'Alexandrie écrivant que de son temps, et le règne d'Antonin était précisément l'époque à laquelle il vécut, personne ne savait plus ce que signifiaient les hiéroglyphes, affirmation que l'on voit encore répétée de nos jours, malgré sa fausseté démontrée.

Marc-Aurèle et son fils Lucius Verus firent aussi un voyage en Egypte. Sous le règne de l'empereur stoïcien, il fallut purger l'Egypte des bandes armées qui en étaient venues jusqu'au point d'attaquer la ville d'Alexandrie. Ces bandes à peine exterminées, eut lieu la révolte du préfet d'Egypte : cette révolte avorta, et Marc-Aurèle se montra aussi magnanime après la victoire qu'il s'était montré énergique avant.

En 182, sous Commode, le Sérapéum d'Alexandrie fut incendié.

En l'an 200, Septime Sévère dut soumettre la ville d'Alexandrie qui s'était opposée à son élection. Il parcourut toute l'Egypte en compagnie de Julia Domna, sa femme, et de celui qui devait être Caracalla, et visita même l'Ethiopie. Ce fut pendant ce voyage, en 202, qu'il fit relever le colosse de Memnon étendu à terre dans la plaine de Thèbes, et à peine le colosse fut-il relevé que cessèrent les bruits mystérieux qu'on avait attribués à des causes surnaturelles.

Le règne de Caracalla fut néfaste pour les Egyptiens. Irrité des bons mots que les habitants d'Alexandrie faisaient courir à son sujet, il résolut d'en tirer vengeance : il se rendit dans cette ville et la livra à la soldatesque, pendant que lui-même, du haut du Sérapéum, contemplait ce barbare spectacle, comme autrefois Néron avait contemplé l'incendie qui consumait Rome.

Le règne d'Alexandre Sévère (222-235) s'écoula tout entier dans la paix et la prospérité. Ce fut sous ce règne que florissait Origène, dont les auteurs ecclésiastiques ont vanté la science immense. Appelé à succéder à ses maîtres les docteurs de l'école chrétienne d'Alexandrie, plus platonicien que chrétien, et plus mystique encore que platonicien, il eut des démêlés avec le patriarche Démétrius qui le déposa d'abord, l'excommunia ensuite. Origène se retira en Syrie où il fut ordonné prêtre. L'Eglise d'Alexandrie était devenue de plus en plus florissante, et le Christianisme avait déjà fait de sérieuses conquêtes dans la vallée du Nil.

Le règne de Dèce le montra avec évidence, car à ce règne remonte la première persécution dont les Coptes, ou Egyptiens chrétiens, aient conservé le souvenir dans leur martyrologe qu'ils appellent *Synaxare*. Par suite de cette persécution, un jeune chrétien d'Alexandrie s'enfuit près de Qolzoum, le site de l'actuelle Suez, et s'arrangea une vie dans le désert près d'une source d'eau et de quelques palmiers ; c'était Paul, le premier ermite chrétien.

La persécution religieuse n'était pas faite pour ramener le calme dans les esprits et les prédisposer en faveur de l'administration romaine qui était elle-même instable et très ébranlée par suite des nombreuses compétitions dont le pouvoir impérial fut l'objet. Aussi la haine contre les Romains grandissait de jour en jour, quoique Rome eût toujours respecté la religion égyptienne et que les divers cultes locaux n'eussent encore été en butte à aucune attaque.

Sous les empereurs Valérien et Gallien, les troubles deviennent permanents dans la ville d'Alexandrie ; à la suite des troubles, la peste et la famine désolent la ville pendant que la révolte est toujours sur pied et que les gouverneurs de l'Egypte marchent pendant douze années d'usurpation en usurpation. Le Sérapéum et le Muséum sont alors abandonnés successivement. En l'an 269, la reine de Palmyre, Zénobie, s'empare de l'Egypte. Quatre ans plus tard, Aurélien parvient à vaincre la reine, détruit Palmyre et fait servir Zénobie à son triomphe. L'Egypte suit nécessairement la destinée de la souveraine. En 274, un simple fabricant de papyrus, d'origine et de nom romains, Firmus, réussit à soulever le peuple d'Alexandrie, prit le titre d'Auguste, s'attribua le droit de battre monnaie, jusqu'à ce qu'il eût été vaincu et mis à mort par le général Probus qui fait ensuite la pacification de la vallée du Nil.

Proclamé empereur pendant cette pacification, il continue son œuvre et soumet la haute Egypte, puis part pour Rome. Dès qu'il est parti, les révoltes recommencent ; c'est d'abord le général Saturninus, puis le préfet Achillée qui lèvent l'étendard de la sédition. Probus finit par vaincre le premier ; mais le second ne devait être vaincu que par Dioclétien.

Dioclétien, élevé à l'empire en 284, ne vint à bout de réduire Achillée qu'en 296. Pendant huit mois il assiégea Achillée dans Alexandrie, et livra au pillage la ville juive. Il fallut reconquérir l'Egypte tout entière et la réorganiser de concert avec Maximien Hercule. Il le fit avec une telle sévérité qu'il s'attira la haine des Égyptiens, une haine intense et vivace, et jusqu'à ce jour il est resté pour eux le symbole de la tyrannie et de la cruauté. Son avènement fut pris par les Coptes comme le point de départ d'une ère nouvelle, qui est aussi connue sous le nom d'*ère des martyrs :* elle commence à l'an 284. Dioclétien avait cependant le coup d'œil juste : il jugea de prime abord les frontières de l'empire portées trop avant et les recula de sept jours de marche : il en posa la limite à l'île d'Éléphantine, en face de Syène. L'île de

Philée avec ses monuments magnifiques est fortifiée pour parer aux incursions des Nubiens, des Blemmyes et des Bougas : cependant le sanctuaire de la déesse Isis resta commun aux deux parties. Philée fut reliée à Syène par une muraille de briques, épaisse de 4 mètres et longue de 6 kilomètres, dont les voyageurs retrouvent encore et suivent les vestiges. Il fit un traité de paix avec les tribus nomades, et ce traité subsista tant bien que mal jusque vers le milieu du sixième siècle. Sous la première partie de ce règne, Antoine, né à Qiman, au sud de Memphis, fait ses premiers essais de vie religieuse ; puis, voyant qu'il ne peut vivre tranquille, il s'éloigne de son village, fonde un monastère sur la rive droite du Nil, à Meimoun et finalement se retire dans la montagne de Qolzoum, sur les bords de la mer Rouge. A l'autre bout de l'Egypte, dans le nome d'Esneh, naît le petit Pakhôme qui devait être plus tard le fondateur du cénobitisme.

En l'an 304 paraît l'édit de la persécution connue sous le nom de Dioclétien. La persécution commence aussitôt en Egypte : elle y fut cruelle, mais pour d'autres causes que celles que l'on admet d'ordinaire. Les Égyptiens furent très contents de trouver cette occasion de faire de l'opposition et ils se précipitèrent au martyre avec furie. Nul doute que dans certains endroits, comme Akhmîm (Panopolis) et Esneh (Latopolis), les martyrs n'aient été de véritables révoltés contre le joug romain. Jusqu'alors l'immense majorité du peuple égyptien avait été fidèle au culte de ses aïeux ; après la persécution de Dioclétien, qui prit fin en 311 par le martyre de l'archevêque Pierre d'Alexandrie, ce fut la proposition contraire qui était devenue la vraie. On peut bien penser qu'une semblable conversion n'avait pas dû être fort solide, et je le montrerai tout à l'heure. La littérature copte s'est surtout exercée dans les *Actes des Martyrs*. Elle a produit quantité d'*actes* qui se ressemblent tous au fond l'un l'autre et qui ne sont différenciés que par les détails. Les prodiges les plus incroyables y abondent : les auteurs coptes s'en sont donné à cœur joie en rendant ridicules leurs adversaires, les ducs de la Thébaïde, le gouverneur d'Alexandrie, comme les simples officiers. Ils ont inventé non seulement les circonstances du martyre, mais même le personnage qui est censé avoir subi le martyre. Après la persécution la mode fut de chercher des reliques : on déterrait tous les morts qui avaient été enterrés dans le voisinage de quelque village et on les déclarait martyrs. Ce fait nous est certifié par les œuvres d'un moine célèbre dont il sera bientôt question.

Elevait-on une église? il fallait trouver des reliques : le patriarche d'Alexandrie, Théophile, envoyait le moine Jean le Nain chercher les corps des trois jeunes gens qui avaient été jetés dans la fournaise par Nabuchodonosor, roi de Babylone ; mais tout le monde ne pouvait jeter son dévolu sur des morts aussi illustres, on se contentait de prendre quelque corps du voisinage, et un auteur érudit se chargeait d'écrire l'histoire du martyre de ces personnages inconnus. Ces martyrs inventés ont forcé les portes du martyrologe romain, et nul exemple ne saurait être plus célèbre que celui de St Georges de Mélite, dont la vie fut écrite en Egypte vers le ve siècle, et qui n'eut d'autre réalité que celle que lui prêta l'imagination de l'auteur qui le mit au jour. Ils avaient même décoré l'un de leurs auteurs supposés du nom d'historiographe des martyrs : c'était Jules de Khevchs (Aqfahs de nos jours) qui avait sous ses ordres cinq cents serviteurs occupés à rédiger les actes que composait leur maître. On pense qu'il dut falloir un assez grand nombre de confesseurs pour donner de la besogne à toute cette armée de scribes. Ce saint auteur ne pouvait manquer d'être lui-même martyr. De même les noms des principaux acteurs païens semblent avoir été inventés, même ceux des gouverneurs. Le duc de la Thébaïde, Arien, et le gouverneur d'Alexandrie, Arménius, ne me semblent avoir aucune réalité historique. Arien a toute une histoire et cette histoire se termine par une conversion qui le mène au martyre. Mais le sujet sur lequel la verve des auteurs coptes s'est le plus exercée, c'est Dioclétien. D'après les auteurs coptes, Dioclétien aurait vu le jour en Égypte, près d'Akhmîm et se serait appelé Aghrabîda. Berger chez les parents de Psoté, qui devait devenir évêque de Ptolémaïs (Menschîeh), qui nécessairement fut martyrisé par son ancien compagnon, il ne savait que jouer de la flûte : il est vrai que les sons de cette flûte faisaient danser les chèvres, ce qui scandalisait fort le jeune Psoté. Saisi par l'humeur vagabonde, il quitta l'Égypte et se rendit en Syrie : là, il devient palefrenier dans les écuries impériales d'Antioche. Son talent de flûtiste l'avait suivi et, n'ayant plus de chèvres à faire danser, il s'exerça sur les chevaux dont il prenait soin ; ces chevaux dansèrent aussi, comme l'avaient fait les chèvres. Une fille de l'empereur, qui était alors occupé à faire la guerre contre les Perses, l'aperçut par une fenêtre, comme il faisait ses singuliers exercices, en devint éperdûment amoureuse et l'épousa en l'absence de son père Numérien qui fut tué à la guerre. Alors ses fils et ses neveux, Justus, Aboli, Théodore le stratélate, Victor, s'en furent à la guerre pour ressaisir la victoire, et la femme d'Aghrabîda en profita pour faire reconnaître son mari comme empereur. La guerre finie, le nouvel empereur aurait pu se trouver en mauvais cas, surtout lorsque l'armée victorieuse revint vers la ville capitale ; mais autant les généraux s'étaient couverts de gloire contre les Perses, autant ils se montrèrent lâches, et Dioclétien, grâce aux conseils de Romanus, père de Victor, après s'être d'abord caché, reparut et finit par exiler ses compétiteurs en Egypte, où ils furent tous martyrs, chacun de son côté, quoiqu'il s'écoulât réellement dix-sept ans depuis le commencement du règne de Dioclétien jusqu'à l'édit de persécution ; mais ce laps de temps n'était pas fait pour inquiéter les auteurs coptes. Dans une autre légende, le commencement de la persécution a pour cause le fait suivant : Dioclétien, en guerroyant contre les Perses, avait fait prisonnier le fils du roi et l'avait confié à l'archevêque d'Antioche. Celui-ci, malgré les serments les plus solennels, se laissa gagner par les présents et fit échapper le prince, après avoir pris la précaution de dire qu'il était mort et de l'avoir fait enterrer en grande pompe. Dans une expédition ultérieure, Dioclétien vit le jeune prince combattre au premier rang et réussit encore à le faire prisonnier ; l'empereur fut bien étonné en le retrouvant et lui demanda comment il se faisait qu'il fût à la guerre, lorsqu'il aurait dû être dans son tombeau. Le jeune homme lui apprit la trahison de l'archevêque, et Dioclétien, de retour dans sa capitale, prit un malin plaisir à démasquer le prévaricateur, à lui faire rendre gorge, et c'est après cette aventure qu'il résolut de punir tous les chrétiens de la faute du seul archevêque d'Antioche.

Ces détails montreront aisément quel fut le genre de composition cultivé par les Coptes. Cela ne veut pas dire qu'il n'y eut pas de persécution en Egypte : au contraire elle y fut terrible ; mais les récits qui nous en sont parvenus sont l'œuvre de l'imagination égyptienne. Le souvenir du traitement que leur fit éprouver cet empereur dut être resté bien vif, pour que l'année où il commença son règne devint le commencement d'une ère nouvelle.

Lorsque Constantin, par l'édit de Milan en 313, reconnut le triomphe du Christianisme, le peuple égyptien le salua comme un libérateur. Il est vrai que l'empereur, d'après leurs auteurs, s'empressa de mander à Constantinople tous les martyrs qui étaient encore en prison afin qu'il pût les voir, et de faire rebâtir les églises détruites. C'est ici le moment d'examiner en gros ce que devinrent les idées chrétiennes en passant en Egypte.

Les idées des Coptes, je dois le dire, ne cessèrent point d'être égyptiennes et ne devinrent chrétiennes que de nom. Jamais les Coptes ne crurent à la Trinité que d'une manière vague : Dieu le père ne les intéressait point, et, dans les descriptions qu'ils nous ont laissées du Paradis tel qu'ils le comprenaient, Dieu le père est relégué dans un coin, derrière un rideau sur lequel veillent les sept archanges. Le Saint-Esprit n'est nommé que dans les pièces et les sermons : il ne joue aucun rôle dans la vie religieuse du peuple. Celui qui a le plus souvent commerce avec eux, c'est le Fils de Dieu, Jésus le Messie, homme comme eux, auquel ils pouvaient parler sur un ton fraternel, quand ce n'était point sur un ton de commandement. Il vivait au ciel ; mais plus souvent il visitait la terre et ses serviteurs. Il était réellement mort, ce qui ne l'empêchait point d'être Dieu, puisque les anciens dieux de l'Egypte étaient morts eux aussi, ce qui n'avait point détruit leur divinité. Il gouvernait le monde, du moins une partie du monde ; car Satan gouvernait l'autre partie, comme Osiris et Set l'avaient fait jadis. Satan était partout, sauf aux enfers ; il était immortel jusqu'au jour où où sa destinée serait accomplie et le jour de sa mort venu. Il avait une cour immense composée de membres de sa famille, car il avait de très nombreux enfants qu'il dépêchait pour tenter les chrétiens et surtout les moines ; il les punissait, quand ils n'avaient pas bien réussi, mais il les récompensait si le succès avait répondu à leurs efforts. Il était le plus souvent poli, ce qui n'était pas toujours le cas de ses adversaires ; mais quelquefois il avait ses mauvaises heures. Il entretenait des relations journalières avec les moines, leur disait ses petites affaires, et se laissait vaincre de la meilleure façon, quand ses ruses éventées ne réussissaient pas. Les auteurs coptes lui avaient prêté toutes leurs qualités bonnes et mauvaises.

Les autres dogmes de la religion se réduisaient à très peu de chose, le baptême et l'eucharistie, et c'est tout. La partie la plus développée des croyances populaires, c'était celle qui avait trait à la destinée de l'homme. Le corps était enterré dans les mêmes conditions que sous l'empire pharaonique ; mais, peu à peu, on perdit l'habitude de la momification et St Antoine est dit avoir été le premier à déconseiller cette habitude. On conservait toujours les corps dans les maisons ; les actes des martyrs nous ont conservé un exemple célèbre de cette coutume. Quand le corps était malade, trois anges descendaient vers le moribond pour emmener son âme ; deux d'entre eux la prenaient dans un linceul et la montaient au ciel, pendant que le troisième ouvrait la marche en chantant des psaumes. Arrivée à la porte du paradis, après avoir marché vers le nord, contemplé la terre d'un bout à l'autre et vu tous les tourments auxquels elle avait échappé, l'âme, si elle ne restait pas dans les environs pour avoir été trop nonchalante, entrait par la porte de vie, était reçue par les bienheureux qui s'étaient rendus à sa rencontre sur des chars traînés par des chevaux-esprits, était conduite vers son habitation, puis vers le rideau derrière lequel se cachait Dieu ; si elle en était digne, elle le voyait face à face, sinon elle devait se contenter de voir l'humanité du Fils de Dieu : elle lui était présentée par son père spirituel ; puis, la réception finie, elle rentrait dans sa demeure, où elle recevait des visites qu'elle rendait ensuite, ayant la faculté d'entrer et de sortir, comme au temps où elle comparaissait devant Osiris et ses quarante-deux assesseurs. Elle vivait heureusement, se nourrissant des fruits succulents que produisaient les arbres du paradis, en chantant les livres liturgiques, notamment l'Apocalypse tous les samedis : elle pouvait même recevoir les nouvelles de la terre, et l'on cite plusieurs moines qui s'y rendirent quelquefois, notamment un certain Kefri qui avait pris l'habitude d'aller y passer la nuit du samedi et toute la journée du dimanche.

Il y avait une contrepartie à ce paradis. Si c'était un homme méchant qui allait mourir, trois anges *tourmenteurs* descendaient près de lui et lui arrachaient l'âme au moyen d'un instrument en forme d'hameçon, qui rappelle terriblement le crochet en fer dont se servaient les embaumeurs pour vider le cerveau. On l'attachait alors sur un cheval-esprit et on l'emportait vers les enfers. Là, son destin était bientôt décidé et on la plongeait dans le supplice particulier qu'elle avait mérité. Il y avait plusieurs parties dans ces enfers, notamment un grand lac de feu qu'il fallait que tout homme traversât. Sur la route, les monstres les plus effrayants se montraient pour inquiéter le voyageur : c'étaient ces monstres qui inquiétaient Antoine et Schenoudi à leur lit de mort. Les damnés étaient saisis pendant le trajet, emportés les uns dans de grands fossés de feu, les autres plongés dans des lacs de feu d'où ils ne sortaient pas même la tête, enfermés dans des monolithes de pierre ou plongés dans un gouffre dont on ne pouvait pas atteindre le fond en deux jours de marche. Ils n'étaient point tourmentés par des diables, mais par des anges spéciaux, nommés anges tourmenteurs, qui avaient remplacé les anciens génies. Leurs tourments n'étaient point sans quelque adoucissement : le dimanche, il y avait relâche générale de supplices. Surtout ces tourments n'étaient pas éternels : on pouvait, grâce à quelque puissante intercession, revenir sur la terre, recevoir le baptême et monter au ciel : St Macaire fit ce prodige ; St Georges envoya d'un seul coup en Paradis plus de trente personnes par le même procédé. L'Egypte ne crut jamais en l'éternité des peines.

Ce qui est la caractéristique de la religion chez les Coptes chrétiens, c'est l'extrême liberté dont ils usaient envers les personnages les plus vénérables et l'espèce d'empire qu'ils acquéraient sur eux. Ils ne reculaient point devant le pastiche des plus saints mystères ; si une fille de l'empereur de Constantinople se trouvait enceinte avant d'avoir été mariée, et le fait s'est vu, si l'on en croit les auteurs coptes, un concile d'évêques décidait gravement que c'était par l'opération du Saint-Esprit ! Voilà pour la liberté ; si l'on priait la divinité, la vieille idée que la prière n'était que la suite d'un contrat synallagmatique passé entre la divinité et l'homme subsistait toujours ; il fallait réciter la prière avec les intonations requises, et alors Dieu était obligé d'exaucer celui qui le priait : voilà pour l'empire du chrétien sur son Dieu. En un mot, le christianisme en Egypte, par la force même des choses, s'était approprié les anciennes idées de la religion égyptienne, ou plutôt s'y était plié de force, car on ne change pas un peuple vieux de plus de six mille ans du jour au lendemain, même par les prodiges les plus étonnants.

Le christianisme se distingua en Egypte par une floraison merveilleuse de ce qu'on appelle génériquement le monachisme. Les gens qui se consacraient au service de la divinité n'étaient pas inconnus à l'Egypte ancienne, et le *reclus* du Sérapéum sous les Ptolémées en témoigne ouvertement. Ce qui fut propre à l'Egypte chrétienne, ce fut la multitude immense des dévôts de toute sorte. Primitivement, ceux qui voulaient se livrer à ce genre de vie se retiraient en dehors de leur village, où ils étaient nourris par leurs concitoyens. Antoine commença ainsi avant la persécution de Dioclétien ; mais bientôt il se retira dans un tombeau où il eut à souffrir de la part des démons la célèbre tentation dont chacun parle, et que tout le monde ignore ; au sortir de ce tombeau, il habita un petit monastère ; puis, comme la multitude attirée par sa réputation ne lui laissait pas de repos, il s'enfonça dans le désert arabique à une distance de quatre jours, trouva une source et quelques palmiers qui lui assuraient l'existence. Il quitta souvent son désert soit pour se rendre à son monastère, soit pour paraître dans les rues d'Alexandrie et exciter les martyrs au combat. Après la persécution, il vit un jour venir à lui un jeune homme nommé Macaire qui s'était établi d'abord dans la vallée des Natrons, de l'autre côté du Nil, puis qui avait poussé plus loin encore dans le désert : il venait s'instruire près de son modèle. Vers le même temps, mais avant Macaire, un jeune soldat païen, qui avait été enrôlé de force sous le règne de Constantin, jeta les premiers fondements de l'ordre cénobitique dans la Haute Egypte. Les commencements du cénobitisme furent humbles, mais à la fin de sa vie Pakhôme se vit à la tête de plus de dix couvents de cénobites. Les règles qu'il donna à ses enfants ne furent pas des règles tracées d'avance, mais au contraire des règles fondées sur une observation préalable. Quelques-unes d'entre elles sont marquées au coin de l'expérience la plus fine du cœur humain ; d'autres au contraire sont le fruit des visions maladives d'un esprit chimérique. Il mourut à peine âgé de 60 ans, vers l'an 348 de notre ère. St Antoine le connaissait, quoiqu'il ne l'eût jamais vu et lui survécut d'un assez grand nombre d'années. Macaire survécut à St Antoine et mourut à l'âge de 90 ans. Il avait, lui, fondé le monachisme proprement dit, comme S⁺ Antoine avait su allier la vie anachorétique à la vie monacale. Sous S⁺ Macaire le désert de Scété se peupla, et bientôt il y eut de nombreux couvents sur ce plateau aride. Les moines, pour gagner leur vie, tressaient des corbeilles, des nattes ou des cordes de palmier; la saison venue, ils allaient se louer à quelque cultivateur qui les employait à moissonner ses champs. C'étaient des hommes fort impressionnables; il était facile de les fanatiser et de se servir de leur fanatisme comme surent le faire quelques archevêques d'Alexandrie. En général, moines et cénobites appartenaient à la plus basse classe de la population égyptienne. Tels furent, en quelques mots, les commencements du monachisme et du cénobitisme en Egypte: les trois personnages nommés plus haut sont restés en grande vénération dans la vallée du Nil et dans tout l'univers chrétien. Ils avaient chacun leur caractère particulier; Antoine était un peu hirsute, Pakhôme avait l'esprit irritable et facilement porté aux exagérations du mysticisme; Macaire, plus cultivé, fut, dix siècles auparavant, le précurseur de S⁺ François d'Assise dans ses rapports avec les animaux.

Bien d'autres moines sont célèbres, anachorètes, cénobites ou simplement moines, entre autres

Jean de Lycopolis qui s'enferma dans une tour et parlait aux visiteurs par une fenêtre ; Paul d'Antinoé qui se suicida sept fois et fut ressuscité à chaque fois par le Christ ; Schenoudi que nous retrouverons ailleurs. Ces saints personnages avaient une foule d'imitateurs qui les suivaient de loin et à pas inégaux. Mais c'est là le récit officiel des prodiges qui s'opéraient en Egypte dans le désert : la vérité montre qu'il en fut bien autrement. Les moines se livraient à tous les crimes, surtout à la sodomie et à la luxure : des communautés de femmes s'étaient établies en assez grand nombre, et les règles avaient beau y être sévères, les clôtures solidement établies, moines et religieuses savaient passer par dessus pour se rendre à leurs rendez-vous amoureux. Les résultats de cette conduite ne se faisaient pas attendre ; mais, quand les religieuses se sentaient prises, elles usaient de tous les moyens pour cacher leur gestation et faire disparaître le fruit de leurs amours clandestines, donnant leurs enfants aux chiens, aux pourceaux, les cachant dans les rochers, ou se faisant avorter. C'est Schenoudi lui-même qui nous apprend tous ces détails. En somme, pour quelques exceptions brillantes, il y eut des centaines et des milliers de gens criminels ; c'est là le bilan de l'Egypte monacale.

Ce fut sous le règne de Constantin que se fit connaître et grandit la première de ce qu'on appelle les grandes hérésies. Elle naquit en Egypte, fille d'un prêtre nommé Arius : c'était la première des révoltes de l'esprit humain contre les dogmes de la révélation. Arius avait déjà été excommunié par Pierre le martyr, s'il faut en croire la légende ; il continua de prêcher et sa doctrine gagna tellement du terrain qu'en 325 il fallut réunir le premier des conciles œcuméniques pour en arrêter les progrès : elle consistait à soutenir que Jésus-Christ n'était pas consubstantiel à Dieu le Père, parce qu'il avait été homme. Arius fut condamné par le concile de Nicée et envoyé en exil. Ce fut dans ce concile que parut le diacre Athanase, qui devait devenir patriarche d'Alexandrie : infatigable champion de la doctrine orthodoxe, il fut toujours au premier rang dans la bataille des idées, passant la plus grande partie de sa vie archiépiscopale en exil, réduit à se cacher dans un tombeau, insaisissable à travers les révolutions et les embûches de toute sorte qui lui étaient tendues. Dans le concile de Nicée, il fut le véritable promoteur de la célèbre formule : *Deum de Deo, lumen de lumine, Deum verum de Deo vero*, ne se doutant sans doute guère que cette idée avait été connue par les prêtres égyptiens de la xviiiᵉ dynastie. C'est alors la belle époque de l'Eglise d'Alexandrie qui enseigne tout le monde chrétien : Athanase fut le premier de ces célèbres patriarches qui éclipsèrent les préfets et les empereurs, qui n'avaient qu'un mot à dire pour révolutionner leur ville. Cependant Athanase eut plus d'influence sur le monde que sur l'Egypte : on le révérait, Sᵗ Antoine était son ami, Sᵗ Pakhôme l'appelait le pilier de l'orthodoxie ; mais sous son pontificat l'armée des moines était en formation, il ne s'en servit pas comme surent le faire ses successeurs.

Avec le transport de la capitale de Rome à Constantinople et le partage de l'empire romain en empire d'Orient et en empire d'Occident, la situation de l'Egypte, qui faisait partie du premier, fut modifiée : elle fut divisée en un certain nombre de petits gouvernements qui auraient dû faciliter l'administration générale et qui ne furent utiles qu'à pressurer davantage le peuple égyptien. C'est alors que peu à peu la haine égyptienne pour les Grecs monta à son faîte et, malgré les horreurs de la domination arabe et turque, malgré les crimes épouvantables de certains khalifes et gouverneurs de l'Egypte, les Coptes pensent encore aux duretés qui furent exercées envers leurs pères : pour donner une idée de ce qu'était la tyrannie de ces gouverneurs minuscules, ils disent (je l'ai entendu moi-même) que les Grecs forçaient les Egyptiens à se mettre à genoux devant eux et à porter sur la tête le plat dans lequel se trouvait leur repas pendant tout le temps que mangeaient les maîtres. En outre la persécution religieuse s'en mêla, on voulut faire entrer dans leur tête des idées qu'ils n'étaient pas aptes à comprendre ; les empereurs faisaient édit sur édit pour faire signer aux moines des formulaires de foi auxquels ces moines n'entendaient rien, et nous ne nous étonnerons pas si, à la fin, les Coptes appelèrent les musulmans à leur secours pour les débarrasser de la Grèce et de ses tyrans.

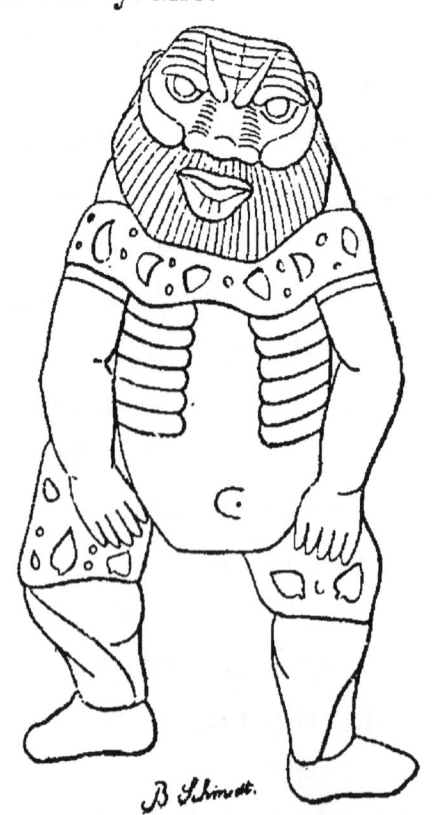

VI

Période Byzantine

Les successeurs immédiats de Constantin, Arcadius, Constance et les autres, n'ont pas laissé de trop mauvais souvenirs aux auteurs égyptiens, sauf quelques phrases sur Athanase, son dévouement apostolique et ses divers exils. Seul, Julien s'attira leur horreur par son apostasie et par la liberté qu'il rendit au paganisme mourant : son règne ne fut pas d'ailleurs assez long pour laisser un souvenir durable ; mais, cependant, c'est sans doute en Egypte que fut créée la légende de l'empereur lançant son javelot contre le ciel et mourant sous les coups de Théodore le stratélate. Seule, l'Eglise d'Alexandrie se ressentit des luttes entre ariens et orthodoxes, et à peine si les moines de Nitrie et de Scété, les disciples de Macaire et Macaire lui-même furent, au dire de Rufin d'Aquilée, troublés

par l'intrusion de Lucius sur le trône d'Athanase :
et je ne ne sais si ce témoignage est bien recevable,
car la *vie* de Macaire n'y fait pas une fois allusion.
D'ailleurs le règne de Jovien ramène Athanase
dans sa ville archiépiscopale, et le héros du christianisme meurt en paix vers l'an 372. Quoique
sous son pontificat l'Egypte se fût transformée de
plus en plus, que les moines fussent devenus
excessivement nombreux, de manière à être un
véritable fléau pour le pays et un danger pour
l'ordre public, — car ils étaient ce qu'on appelle
gyrovagues, allaient partout et faisaient de leur
état un abominable métier, comme les *innocents* de
nos jours dans les rues du Caire, et les archevêques
eux-mêmes avaient été obligés de prendre à leur
égard les plus sévères mesures, — cependant le
paganisme ou, pour mieux dire, l'ancienne religion
du pays mélangée aux idées grecques, n'était pas
encore morte, les temples étaient tous debout, on
y sacrifiait, et certaines colonies grecques comme
celles de Médinet-el-Fayoum (Arsinoé) et d'Akhmîm
(Panopolis) étaient très florissantes. Au centre
même de la ville d'Alexandrie s'était élevée une
école de philosophie où l'on faisait revivre les
doctrines du divin Platon : elle est connue sous le
nom de Néo-Platonicienne, ou mieux sous le nom
célèbre d'Ecole d'Alexandrie. Il me faut en dire

quelques mots, afin de mieux faire comprendre les évènements qui vont se passer.

L'Ecole d'Alexandrie, qu'il ne faut pas confondre avec la précédente Ecole du Muséum et qui fut très opposée aux rêveries du gnosticisme, naquit cependant dans cette même ville qui lui a donné son nom. Le premier en date de ses docteurs fut cet Ammonius Saccas, ainsi nommé parce qu'il portait un sac comme vêtement ou, selon d'autres, parce qu'il était portefaix : doué d'un esprit original, ayant une critique d'un genre tout à fait supérieur, il fut le premier, au témoignage d'Hiéroclès, à bien comprendre les doctrines de Platon et d'Aristote, à les unir l'un à l'autre et à en faire le fondement de son enseignement. Il épura, suivant le même auteur, les opinions des anciens philosophes et transforma les rêveries que de part et d'autre on avait fait éclore, en établissant les doctrines de Platon dans ce qu'elles ont d'essentiel et de fondamental. Ce fut sans doute une belle théorie d'unir ensemble les deux grands philosophes de l'antiquité ; mais, si tel fut le rôle d'Ammonius Saccas, il faut avouer que ses disciples s'en écartèrent assez vite, car ils admirent, en expliquant la doctrine de Platon, beaucoup d'autres idées auxquelles Platon n'avait pas songé, et il ne pouvait pas en être autrement puisque, même

13.

dans ses erreurs, l'esprit de l'homme est toujours en progrès. Cette nouvelle école eut un grand succès et marqua l'une des étapes les plus célèbres des progrès de l'esprit humain. Ammonius avait seulement enseigné oralement ; ses disciples immédiats Plotin, Amélius, Porphyre, surent propager par les livres son enseignement. Nous possédons encore un certain nombre des ouvrages de Plotin et de Porphyre : l'on y trouve des vues curieuses sur les les idées pures dans le premier, dont les *Ennéades* rappellent singulièrement l'Ennéade héliopolitaine, comme aussi sur les idées morales dans les traités du second, où l'on sent que les vieilles idées égyptiennes ont pénétré en nombre d'endroits. Puis, avec les successeurs de Plotin et de Porphyre, avec Jamblique ou le pseudo-Jamblique, c'est à dire l'auteur du traité des *mystères égyptiens,* l'école d'Alexandrie inclina du côté de la théurgie : le livre de cet auteur n'est guère qu'une sorte de manuel pour toutes les opérations mystiques, magiques et théurgiques : tout le monde croyait alors aux miracles, et l'empereur Julien, sous son règne passionné et si bref, donna un nouvel aliment à toutes ces idées. Lorsque sa mort arriva, l'Ecole d'Alexandrie fut dispersée par la persécution : elle se retira dans la ville d'Athènes où elle se régénéra quelque peu : Plutarque,

Syrianus et Proclus sont alors ses choryphées. Elle se traîna ensuite jusque sous le règne de Justinien, où elle fut abolie en 529. Cette école a eu de fervents admirateurs et des historiens sérieux, MM. Vacherot et Jules Simon, en France, ont tour à tour raconté les péripéties de son histoire et exposé les divers systèmes qui s'y formèrent. Je ne saurais mieux faire que de citer ici quelques paroles du premier de ces deux historiens, afin de bien spécifier l'enseignement des philosophes alexandrins. « Le Néo-Platonisme n'est ni un tissu de fictions métaphysiques, ni un mélange adultère d'idées puisées aux sources les plus diverses, ni même une ingénieuse combinaison d'aliments choisis et épurés par une critique savante : c'est un enchaînement systématique de conceptions profondes, sous les formes éblouissantes de l'imagination orientale ; c'est, sous le désordre d'une composition incohérente, sous les raffinements d'une analyse diffuse, la synthèse la plus vaste, la plus riche, la plus forte peut-être qui ait paru de l'histoire de la philosophie. Dans une période de quatre siècles, le Néo-Platonisme embrasse à peu près tout le cercle des spéculations métaphysiques, et résume, en les transfigurant dans une pensée supérieure, toutes les doctrines des écoles qui précèdent. » Cette école, malgré qu'elle exerçât ses facultés sur des non-réalités fit faire de grands progrès à de certaines idées, en les épurant et les débarrassant de toute matière. Elle contribua beaucoup à la gloire d'Alexandrie qui fut à cette époque la première ville du monde, soit par les merveilles de ses édifices, soit par la renommée de ses savants, soit surtout par l'influence prodigieuse de ses patriarches ; mais il ne faut pas oublier que c'était une ville d'Orient et surtout ne pas la comparer aux grandes villes modernes, ni même à ce qu'elle est devenue en ces derniers temps.

L'empire d'Orient sembla recouvrer la fortune de l'ancien empire romain sous le règne de Théodose-le-Grand. Cependant le règne de cet empereur trop soumis aux évêques fut désastreux pour l'Egypte, car il publia en 381 le célèbre décret qui causa la ruine et la dévastation des anciens monuments. Cet édit disait que la religion chrétienne était la seule officielle en Egypte : les temples païens devaient être fermés, leurs biens confisqués et tout culte y était interdit. Exception était faite pour les temples d'Alexandrie, par peur des soulèvements. Ce succès ne suffit pas au patriarche d'Alexandrie qui était alors le célèbre Théophile : il obtint de l'empereur, en 389, un nouveau décret qui ordonnait de détruire les temples qu'on avait tolérés jusqu'alors. Ce fut le signal de la ruine. C'est à cette époque malheureuse que remonte la dévastation du Sérapéum d'Alexandrie. Ce temple était devenu l'occasion de luttes continuelles entre païens et chrétiens : les premiers s'y étaient retranchés, lorsque Théophile les y fit attaquer par la populace et les moines qu'il avait appelés, sans que le préfet augustal d'Alexandrie pût ou voulût intervenir en faveur de ce monument. La foule s'y rua, y saccagea tout ce qui lui tomba sous la main et détruisit les collections de la bibliothèque du temple, au nombre desquelles se trouvaient celles que le roi de Pergame, Attale, avait léguées au peuple romain et que Marc-Antoine avait données à Cléopâtre. Le temple fut converti en église. Ce fut le commencement de la dévastation de tous les monuments de l'Egypte ancienne : l'exemple parti de si haut fut suivi avec un grand zèle, et de tous les côtés on se distingua par l'ardeur qu'on mit à anéantir les vestiges d'un passé glorieux et les témoignages les plus éclatants des progrès de l'esprit humain. On doit s'étonner que quelques-uns de ces monuments aient pu échapper à cette injuste profanation : mais, presque partout dans la Haute-Egypte, on se borna à marteler les figures : il est vrai que les monuments étaient tellement imposants qu'ils défiaient les efforts des destructeurs.

C'est ainsi que Schenoudi détruisit les temples et même les villages du pays d'Akhmîm, Moyse les temples d'Abydos, etc. Ce fut aussi à cette époque sans doute qu'on saccaga le Sérapéum de Memphis que Mariette devait retrouver plus tard, en 1851. Le chiffre des ruines est considérable : on parle de quarante mille statues qui furent détruites ou mutilées dans cet accès de rage et de destruction. Les Egyptiens chrétiens firent une légende à ce sujet, et cette légende, grâce aux historiens grecs Socrate et Sozomène, est parvenue jusqu'à nous, quoiqu'un peu arrangée. Lorsque Théophile démolissait les temples et faisait enlever des collines entières de sable pour y construire ses églises, car ce fut un grand constructeur d'églises, il trouva, dit-on, un trésor recouvert d'une grande plaque de pierre sur laquelle étaient gravées des croix ansées et trois ☉. Il envoya prévenir l'empereur qui s'en rapporta à ses paroles. Comme la croix ansée ☥ ressemblait d'un peu loin au monogramme du Christ ☧, Théophile expliqua très facilement que cette pierre, mise là dès le temps d'Alexandre, annonçait le triomphe des chrétiens quand les trois grandes puissances seraient représentées par des ☉, ce qui arrivait précisément à cette époque, car la première était Dieu, ΘΕΟΣ, la seconde l'empereur

Théodose, ⲐⲈⲞⲆⲞⲤⲒⲞⲤ, et enfin la troisième n'était autre que le patriarche d'Alexandrie, Théophile, ⲐⲈⲞⲪⲒⲖⲞⲤ. Cependant la victoire ne devait pas être si complète que voulait bien l'assurer Théophile, et les cérémonies du culte égyptien se perpétuèrent encore environ un siècle, et même plus pour ce qui regarde spécialement Philée. La mort de Théodose, survenue en 394, laissa l'empire d'Orient à son fils Arcadius. L'archevêque Théophile, par ses intrigues, contribua beaucoup à l'exil de S*t* Jean Chrysostome et à sa déposition par le conciliabule du Chêne. Les bruits merveilleux répandus sur la vie des moines attirèrent en Egypte une foule d'étrangers qui écrivirent ensuite le récit de leurs voyages et entretinrent dans tout le monde occidental des erreurs qu'on a peine à déraciner aujourd'hui. S*t* Jérôme, Rufin, Palladius, Evagrius, Mélanie, plus tard Cassien, font le pèlerinage d'Egypte, recueillent avidement tout ce que leur racontent les moines égyptiens, jusqu'au moment où l'accusation d'origénisme jette du froid entre les admirateurs et ceux qu'ils admiraient.

Théophile étant mort, son neveu Cyrille, qu'il avait fait élever à Scété, d'après les récits des Coptes, monte sur le trône archiépiscopal sans même attendre d'avoir été légitimement élu. Il devait jouer le rôle le plus brillant à cette époque de révolutions et d'hérésies. Maître absolu de moines fanatiques, il sut admirablement les faire manœuvrer, tantôt pour chasser les Juifs de la ville d'Alexandrie, tantôt pour entrer en lutte ouverte avec le préfet Oreste, tantôt pour des actions pires encore, comme le meurtre d'Hypathie, la perle d'Alexandrie, la sage jeune fille qui expliquait, dans le Muséum, les œuvres d'Homère à ses auditeurs charmés. La populace et les moines l'arrachèrent à sa sortie du Muséum, la massacrèrent, la traînèrent par les rues encore toute pantelante, en dévorèrent le cœur et les entrailles et finirent par brûler son cadavre. A peine sorti de ces luttes intestines, Cyrille se jeta dans la querelle que soulevait dès lors l'enseignement de Nestorius qui prétendait que la Vierge Marie ne pouvait être la mère d'un Dieu, mais seulement d'un homme : c'était la seconde des grandes protestations de la raison humaine contre les dogmes du christianisme. Après avoir bien discuté, il obtint de l'empereur Théodose II que l'on réunirait un concile à Ephèse, et il se fit nommer représentant ou légat du pape de Rome. L'histoire de ce concile célèbre et du rôle qu'y joua Cyrille est assez connu ; mais ce qu'on sait moins, ce sont les précautions que prit Cyrille d'entretenir près du roi des ambassadeurs chargés de le ramener à l'ordre quand il s'écartait de la voie que voulait lui faire suivre l'archevêque d'Alexandrie, ce sont les troubles qui éclatèrent à Constantinople. L'exil fut décidé contre Nestorius qui fut envoyé à Kom-esch-Schaqaf en Egypte, puis ramené ensuite près de la ville d'Akhmîm où il mourut l'année même où allait se tenir le concile de Chalcédoine. Cyrille avait eu soin de se faire accompagner par un certain nombre de moines, parmi lesquels était Schenoudi, l'une des plus curieuses figures de l'époque, ardent, zélé, fanatique, éloquent et jouissant d'une grande réputation dans son canton d'Akhmîm qu'il terrorisait. Rarement moine a plus écrit, et ses œuvres forment l'une des plus grandes richesses du Musée de Naples et de la Bibliothèque nationale à Paris. Il devait mourir à l'âge de 118 ans, après en avoir passé 109 dans la vie cénobitique, l'année même du concile de Chalcédoine où il regrettait de ne pouvoir se rendre afin de donner du bâton à tous les hérétiques; mais, cette fois-ci, c'était lui, ainsi que ceux de son parti, qui, par un curieux retour des choses humaines, allait être déclaré hérétique. Le célèbre Dioscore était alors patriarche d'Alexandrie (451); c'était lui qui, dans le second concile d'Ephèse, connu dans l'histoire sous le nom de brigandage d'Ephèse, avait fait enfoncer une pique dans le cœur de Flavien, archevêque de Constantinople : il avait cru pouvoir se permettre en Syrie ce qui lui réussissait si bien dans sa ville d'Alexandrie et en Egypte. Il s'agissait alors des deux natures de Jésus-Christ, et, cette fois, le patriarche d'Alexandrie, dont les prédécesseurs avaient tout fait pour faire admettre la divinité de Jésus-Christ, soutenait qu'il n'y avait en Jésus-Christ qu'une seule nature, comme il n'y avait qu'une seule personne, tandis que leurs adversaires étaient d'avis qu'il y avait deux natures, toujours occupés de séparer les attributs de la divinité de ceux de l'humanité, afin de donner aux premiers un mérite infini. C'est pour cette misérable querelle de théologiens, où les deux partis ne se comprenaient ni l'un ni l'autre, que l'Egypte et le monde occidental se séparèrent définitivement : au fond il y avait une autre question bien plus importante, celle de la rivalité des deux civilisations, dont l'une avait déjà accompli son œuvre et avait vieilli, pendant que l'autre était jeune, avait reçu toutes les découvertes opérées par la première comme un héritage naturel, et était prête pour les progrès futurs qui devaient mener si loin les pays de l'Occident. Dioscore fut définitivement anathématisé et exilé dans l'île de Gangres où il mourut. Dès lors, jusqu'à la ruine complète de l'Egypte et à la conquête musulmane, Alexandrie devint une ville où la sédition était en permanence, où les querelles religieuses doublées de haines politiques atteignirent un degré de sauvagerie digne des temps préhistoriques : deux patriarches étaient continuellement en présence, le patriarche hétérodoxe étant réduit à se cacher ou vivant dans l'exil, quand le patriarche orthodoxe triomphait, et *vice versa*. Les empereurs faisaient exiler les moines, dispersaient les communautés qui ne voulaient pas souscrire à ce que l'on appelait *le tome infâme de Léon*, (c'était la définition de la foi orthodoxe par le pape Léon-le-Grand qu'ils nommaient ainsi), pendant que les soldats et les gouverneurs profitaient de l'occasion pour piller et rançonner l'Egypte. Aussi la province d'Egypte tout entière est-elle en proie à l'anarchie ; il y a révoltes sur révoltes, combats sur combats qui sont racontés dans les chroniques de Jean, évêque de Nikious ou Prosopis, nommé en copte Peschati. Cet état se prolongea pendant deux siècles environ, pendant lesquels parurent quelques figures de moines très curieuses, comme Moyse qui ruina les temples d'Abydos, Mathieu-le-Pauvre qui prenait prétexte de sa pauvreté pour commettre des abus de pouvoir qui sembleraient très criminels aujourd'hui et qu'on regardait alors comme le comble de la perfection. Les moines en ce temps, comme dans le nôtre, se recrutaient comme ils pouvaient, et rien n'était plus commun en Egypte que de vouer un enfant à Dieu pour le servir dans tel ou tel monastère sa vie durant : le malheureux qui avait été ainsi voué ne pouvait aucunement refuser d'accomplir le vœu téméraire de ses parents, et il n'y avait aucune loi, comme il y en a aujourd'hui, pour requérir son libre consentement alors qu'il avait conscience de ce qu'il faisait. Mathieu-le-Pauvre ayant reçu don d'un petit enfant, le père, quand l'enfant fut parvenu à l'âge où l'on accomplissait ces sortes de don, voulut payer le prix de la rançon ; mais le moine refusa son consentement et le petit enfant mourut, nous dit-on, huit jours après. L'Egypte qui obéissait sans murmurer à de tels fanatiques était plus que mûre pour la servitude des Arabes qui ne tarderont pas à arriver.

Un moment, le règne en tout assez glorieux de Justinien sembla apporter quelque trêve aux maux dont souffrait l'Egypte, car l'autorité centrale était forte. Les chrétiens le portèrent naturellement aux nues, parce qu'il ne renouvela pas les traités avec les Blemmyes et les Begas, fit transporter à Constantinople les statues du temple d'Isis à Philée où les nomades venaient chaque année célébrer les fêtes en l'honneur de la déesse et recevoir le tribut que leur payait l'empire. Les prêtres d'Isis furent jetés en prison, et Blemmyes et Begas fondirent de nouveau sur la Haute-Egypte où, d'ailleurs, malgré les traités les plus formels, ils n'avaient point cessé de faire des incursions, parce que la faim, qui chasse les loups des bois, les chasse aussi de leurs déserts. Schenoudi, pendant sa vie, nourrit pendant trois ou quatre mois le canton d'Akhmîm qui avait été désolé par l'une de ces invasions. Le général Narsès avait été chargé de l'expédition contre l'Isis de Philée qui, hélas! n'avait pu se défendre par elle-même ; il fut aussi chargé de punir les séditions de la ville d'Alexandrie : les Alexandrins, pour avoir pris parti contre les patriarches soutenus par les empereurs et pour n'avoir pas souffert sans se plaindre les énormes exactions du fisc, virent leur ville réduite en cendres.

Vers la fin du sixième siècle avait lieu en Arabie une révolution religieuse qui ne fut terminée que dans les premières années du septième siècle : Mohammed (Mahomet) était né, il avait prêché sa doctrine, dans le désert d'abord, puis à des peuplades fanatiques, il avait été obligé de s'enfuir en 622, année de laquelle date l'ère musulmane ou *hégire*, et sa fuite avait été le commencement de son triomphe. Les empereurs de Constantinople ne firent d'abord aucune attention aux évènements qui se déroulaient si près d'eux : le palais impérial était livré aux plus honteuses intrigues, les empereurs se succédaient les uns aux autres, et l'autorité s'en allait à vau l'eau. La Syrie fut envahie en 614 par les Perses ; la conquête de cette province ne devait plus être qu'une question de temps. En 615, l'Egypte fut envahie à son tour par les Perses, et un document copte de cette époque nous met à même de juger quelle fut l'épouvantable manière dont furent traités les vaincus qui n'avaient pas encore perdu le souvenir de la conquête faite par Cambyse et du règne de ses successeurs. C'est la vie de Pisentios, évêque de la ville de Qeft, la Coptos des grecs et des Latins. Lorsque l'empereur Héraclius, troublé par les murmures grandissants de l'univers chrétien qui déplorait de voir la ville sainte et la Croix tombées au pouvoir des infidèles, se décida à agir contre Chosroès, ce fut un mouvement d'allégresse universelle que ses victoires entretinrent quelque temps ; mais une fois rentré dans son palais de Constantinople, il sembla oublier toute l'énergie qu'il avait dû montrer contre les Perses.

Les Perses avaient dû rentrer dans leur pays pour se défendre contre les invasions des Arabes : une fois la Perse conquise, les sectateurs de Mohammed entrèrent en Syrie et ils l'eurent bientôt soumise, grâce à la sympathie des populations, sans que l'empereur tentât le moindre effort pour arracher cette belle province aux musulmans qui ne tardèrent pas à jeter un regard de convoitise sur l'Egypte et qui n'attendaient qu'une occasion favorable. Elle leur fut bientôt offerte par les Coptes eux-mêmes qui, lassés du joug grec, ne trouvèrent rien de mieux que d'appeler à leur aide les Arabes, promettant de leur payer tribut. Les Arabes, qui avaient toujours été habitués à regarder l'Egypte comme un pays merveilleux, dont les quelques conducteurs de caravanes qui y avaient pu pénétrer augmentaient encore la richesse et le bien être, ne firent pas de difficultés de tenter cette conquête, en voyant que tout leur avait réussi jusqu'alors. L'Egypte était livrée à tous les maux résultant des séditions continuelles. Le pouvoir civil n'était plus représenté que par des préfets incapables : dans les dernières années du gouvernement grec, le patriarche Cyrus, quoique orthodoxe, avait été exilé bien qu'il eut essayé de ramener la paix ; son successeur fut un enfant du pays, nommé Georges, fils de Mîna, plus connu sous le nom de Makaukas, parce qu'il avait falsifié les pièces de monnaie appelées *Kaukion*. Il réunit sur sa seule tête les pouvoirs civils, militaires et religieux : en même temps qu'archevêque, il avait été chargé de faire rentrer les impôts. D'après les légendes arabes, ce fut ce personnage qui, blessé dans sa vanité ou sa dignité, appela les Musulmans en Égypte. Les légendes coptes concordent en ce point avec les récits des Arabes. Ce personnage fut autant haï des Coptes que des Grecs, quoiqu'il eût trahi ces derniers et qu'il eût enfin pris le parti de sa nation : il n'obtint point ce que lui avaient promis les Arabes et se donna lui-même la mort en avalant le poison contenu dans le chaton de sa bague. Quoi qu'il en soit, ce qui est bien certain, c'est que les Arabes furent appelés secrètement en Égypte par les Coptes, qu'ils y entrèrent et devaient apporter à ceux qui les avaient fait venir une servitude autrement dure que celle des Grecs, on le verra par la suite, car si les Grecs avaient pu se montrer tyranniques, voleurs et moqueurs, ils n'avaient pas du moins commis les atrocités que devaient commettre certains Arabes.

Après la mort de Mohammed, le prophète de Dieu, la désunion et le schisme ne tardèrent pas à se mettre parmi ses sectateurs. Le premier successeur du Prophète fut Abou-bekr qui prit le titre de *Khalifah rassoul Allah*, lieutenant du Prophète de Dieu. Il régna deux ans et eut pour successeur 'Omar qui tint le trône pendant dix ans : ce fut sous son khalifat que fut conquise l'Égypte ; il prit le premier le titre de *Prince des Croyants*, Emir-al-

Moumenîn, ce qui devint au temps des Croisades le *Miramolin* de nos chroniqueurs. Il donna une vive impulsion aux conquêtes des Musulmans, mais n'y prit point part personnellement et se montra même opposé d'abord à celle de l'Egypte.

L'an 18 de l'Hégire[1], c'est-à-dire en 639 de notre ère, le général 'Amr, fils d'El 'As, entra en Egypte à la tête de 4.000 hommes environ. Les Grecs, au lieu de se réunir pour le rejeter, ne résistèrent que par petits groupes et furent défaits les uns après les autres. 'Amr prit Memphis, puis de là attaqua successivement toutes les villes importantes ; les Grecs furent partout vaincus, massacrés, sans compter bon nombre de Coptes qui partagèrent aussi le sort des Grecs. La forteresse de Babylone d'Egypte, dont on voit encore les restes derrière les murs du vieux Caire, fut prise d'assaut, les Grecs se noyèrent dans le Nil ou s'enfuirent en toute hâte vers Alexandrie. On ne sait ce qu'admirer le plus de la lâcheté des soldats ou de l'incapacité des capitaines occupés tous à se jalouser les uns les autres. 'Amr

1. L'ère en usage en Egypte à partir de cette époque est double, l'ère musulmane et l'ère copte : l'ère musulmane repose sur l'année lunaire de 356 jours ; l'ère copte sur l'année solaire de 365 jours et un quart. Les années de notre comput sont semblables à celles de l'ère copte. Il résulte une assez grande difficulté de chronologie de ce fait ; mais cette difficulté disparaît si l'on veut faire ce calcul très simple que 103 années lunaires équivalent à 100 années solaires.

s'attaqua enfin à la ville d'Alexandrie. Le siège dura quatorze mois et le généralissime arabe dut faire venir du renfort en force égale à son armée. De leur côté les Alexandrins demandèrent du secours à Constantinople, mais le coupable Héraclius ne put en envoyer. La ville se rendit à condition que les Grecs seraient embarqués sur des navires et s'en iraient à Constantinople. L'Égypte fut alors soumise entièrement.

On peut juger quelle fut la joie de cette armée de faméliques et de fanatiques, lorsqu'elle eut conquis l'Egypte. On en trouve une note curieuse dans la lettre que 'Amr écrivit au khalife 'Omar après la conquête d'Alexandrie. « J'ai pris la ville de l'Occident, écrivit-il. Elle est d'une immense étendue. Je ne puis vous décrire combien elle renferme de merveilles. Il s'y trouve 4000 bains, 12000 vendeurs de légumes verts, 4000 Juifs qui paient tribut, 400 musiciens ou baladins, etc. » La ville d'Alexandrie contenait encore autre chose, la bibliothèque du Muséum et ses trois cent mille volumes : cela parut inutile aux Arabes et le khalife 'Omar en ordonna la destruction : on en chauffa les bains publics pendant six mois. C'est ainsi que fut terminée la tâche commencée par les moines de Théophile.

Si les Arabes avaient conquis l'Egypte, ils espéraient bien en tirer parti. Dans le traité qui fut signé à Memphis par 'Amr et les principaux habitants de l'Egypte, ceux-ci s'engageaient à payer un tribut fixé à un dinar par tête, soit environ 15 francs, et à héberger tout musulman qui passerait dans leur ville ou leur village pendant trois jours, moyennant quoi 'Amr et ses Arabes s'engageaient à chasser les Grecs, ce qu'ils firent, et à assurer aux Egyptiens la libre pratique de leur religion, ce qu'ils ne firent guère, comme la suite le montrera. Le tribut fut versé en quelques jours : on réunit 12.000.000 de dinars, ce qui ferait ainsi une population de 12.000.000 de personnes pour l'Égypte. Plus tard le tribut fonctionna normalement, très modéré d'abord, 1.000.000 de dinars, puis 4.000.000, puis 8.000.000 et douze ans après l'entrée des Arabes, en 650 environ, 14.000.000 de dinars : on avait serré l'écrou. Cependant les nouveaux arrivants se laissèrent assez facilement guider par les Coptes chargés de l'administration de l'Egypte : le patriarche Benjamin, qui avait dû fuir devant ses compétiteurs, Cyrus et Georges-le-Makaukas, fut rappelé de son exil ; mais il dut vite s'apercevoir que les beaux jours de ses prédécesseurs étaient à tout jamais finis. On s'occupa d'entretenir les canaux et les digues que les Grecs avaient négligés, car on eût vite fait de faire comprendre aux Arabes que c'était une question de vie ou de mort pour leur conquête. On fit construire la ville de Fostât, à l'est de la ville alors appelée Kîmi, en arabe Masr : dans cette ville, le vainqueur fit bâtir la célèbre mosquée qui porte son nom et qui existe toujours : les architectes égyptiens étaient toujours aussi habiles et servaient bien qui les payait bien. On restaura le canal qui mettait le Nil en communication avec la mer Rouge, et on commença même de creuser un autre canal qui devait permettre de transporter les récoltes de l'Égypte jusqu'à Médine et à la Mecque : c'est le *Khalîg du Prince des Croyants* qui se voit encore près du Caire.

A la mort du khalife 'Omar, l'an 23 de l'hégire, les compétitions se firent jour nombreuses et ardentes : 'Amr fut dépouillé de son gouvernement et laissa la place à son successeur. La conquête de l'Egypte était définitive. Une ère nouvelle allait s'ouvrir devant elle, ère de souffrances et de persécutions beaucoup plus grandes que celles qu'elle avait jusqu'alors éprouvées, et bien des fois, s'ils avaient eu la réflexion, ils auraient maudit l'heure où ils avaient appelé les barbares à venir conquérir leur pays. Mais les regrets, s'ils les ont eus, étaient de tout point superflus : l'heure était venue de passer à l'action, et cette heure qui a duré plus de douze cents ans ne devait pas être de celles sur lesquelles le souvenir se repose heureux et calme, mais plutôt l'une de celles dont le poète latin a dit : *Horresco referens,* et dont Dante devait dire plus tard :

.... Nessun maggior dolore
Che ricordarsi del tempo felice
Nella miseria

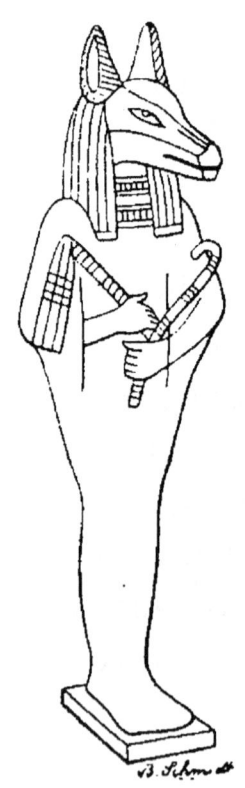

VII

Domination Arabe et Turque

A peine 'Amr avait-il été destitué comme gouverneur de l'Égypte, que la justice qu'il avait montrée envers ses administrés ne fut plus qu'un souvenir : c'est alors que le tribut fut augmenté, et le khalife Othmân dit à l'ancien gouverneur de l'Egypte, en le narguant : « On a bien pu traire la chamelle après toi. » Ce à quoi 'Amr répondit : « Oui, mais cela n'a pas été sans affamer les petits. » Et cependant ce tribut de 14.000.000 de dinars était loin d'être le terme auquel devait s'arrêter la cupidité des Arabes. Depuis ce jour il n'y eut guère, à travers quelques moments de répit, qu'une seule pensée dans le cerveau des Arabes : faire rendre à l'Egypte le plus possible, et pour cela la pressurer tant et plus. L'Egypte était pour tous les princes qui arrivèrent au pouvoir un pays de cocagne dont il fallait s'emparer à tout prix : elle devint le champ de bataille de toutes les compétitions et le rendez-vous de tous les aventuriers. Un jour elle était gouvernée par un homme indolent, le lendemain par un fou furieux, le jour d'après par un sage. En Orient, rien n'est moins rare que de voir un homme de la plus basse condition arriver, par la seule faveur de celui qui est à la tête du gouvernement et sa propre servilité, à la plus haute position politique et sociale, ou quelquefois par sa stupidité et la facilité avec laquelle il sert les penchants ou les vices de son maître. Raconter l'histoire de l'Egypte à partir de l'arrivée des Arabes, c'est raconter les guerres continuelles, les rivalités fratricides, les séditions toujours renouvelées, le despotisme imbécile et le fanatisme aveugle : parfois apparaît quelque brave homme, mais bientôt la roue de la fortune qui tourne sans cesse ramène la série des brutalités et des horreurs. Je ne m'arrêterai pas à raconter, même en gros, des évènements toujours les mêmes ; je me bornerai à citer les faits saillants.

Dynastie des Khalifes Ommeyyades

Pendant la durée de cette dynastie, qui dura 91 ans et compta 15 khalifes, l'Egypte fut aux mains de gouverneurs.

Le fondateur de cette dynastie, Moaouîah Ier, après des luttes acharnées, parvint à se rendre maître du pouvoir : il en profita pour rendre le khalifat héréditaire, dans sa famille au lieu d'électif. Son acte le plus favorable à l'Egypte fut de rétablir 'Amr comme gouverneur de l'Egypte. (41=661). Mais le généralissime arabe ne devait jouir de nouveau de son poste que pendant deux ans, et après lui commence la série de gouverneurs injustes et oppresseurs.

En 97=715, sous le khalifat de Solîman ibn 'Abd-el-Melek, fut construit le Nilomètre de l'île de Rodah, qui existe encore actuellement et qui auparavant se trouvait dans la ville de Halouan, la ville d'eaux moderne de l'Egypte.

Ce furent les Ommeyyades qui conquirent, ou plutôt dévastèrent l'Asie Mineure, la Sicile, le nord de l'Afrique, l'Espagne, et tentèrent de s'implanter en France, où ils commirent de grands dégâts, mais où la bataille de Poitiers les arrêta net en 732.

Dynastie des Khalifes Abbasides

L'Egypte est toujours gouvernée par des lieutenants du Khalife qui continue de résider à Damas. Cette dynastie comprend 15 règnes et dure 124 ans.

En 762 de notre ère, 145 de l'Hégire, le khalife Al-Mansour arrive à la puissance. Comme il était en guerre avec l'Arabie qui s'était insurgée contre lui, il voulut l'affamer et fit abandonner le canal entre le Nil et la mer Rouge, qui se combla peu à peu. Le caractère défiant de ce prince fit qu'il changea continuellement les gouverneurs de l'Egypte qui, avertis par le sort de leurs prédécesseurs et pressés par le temps de faire fortune, eurent recours aux exactions et aux concussions de toute sorte. Mansour protégea cependant les lettres, et c'est de lui que datent les principales traductions que des Syriens firent des livres grecs en arabe, traductions qui nous ont conservé un nombre relativement considérable d'ouvrages pendant tout le moyen-âge. Ce fut lui qui commença de distribuer les principales charges du royaume à ses affranchis et à ses favoris.

En 170=786, règne du khalife Haroun-er-Raschîd, *le justicier*, très connu en occident par l'ambassade qu'il envoya à Charlemagne. Ce fut un prince brillant, dont les *Mille et une nuits* ont vulgarisé la conduite et les procédés. Son règne est un des rares qui fassent honneur à l'humanité.

De 217=839, règne d'El-Mamoun, fils du précédent, qui continua la conduite de son père. Il sut encourager les lettres et les sciences, et fit continuer les traductions des ouvrages grecs, auxquels il ajouta les ouvrages écrits en langue syriaque. Toutes ces traductions furent l'œuvre de Syriens ou de Gréco-syriens, comme il est facile de le comprendre. Il fut libéral, affable et aimait à s'entourer de dignitaires des autres religions. Il fit un voyage en Egypte, et les Arabes de Fostât en profitèrent pour ouvrir la grande pyramide, dont le couloir d'entrée était déjà ouvert, mais qui restait encore inviolée depuis sa construction, l'entrée du second couloir qui conduit à l'intérieur de la pyramide étant hermétiquement fermée par un bloc de granit. Ne pouvant le rompre, les Arabes passèrent par-dessus. Les autres pyramides furent aussi ouvertes à leur tour ; mais l'on n'y rencontra point quelqu'un de ces trésors que l'imagination arabe, aidée des légendes égyptiennes, y cachait. (217= 833). Le Nilomètre de l'île de Rodah est alors restauré. La ville de Fostât était alors en tout son éclat : les maisons de six à sept étages n'y étaient pas rares et quelques-unes d'entre elles contenaient jusqu'à 250 habitants. La richesse était énorme pour quelques privilégiés : ainsi le khalife El-Mamoun fut charmé des jardins princiers des Benou-Sinân, et le chef de cette puissante famille répondit au khalife qui l'interrogeait qu'il payait annuellement 20.000 dinars d'impôt, soit 240.000

à 300.000 francs, et que le revenu de ces jardins était de 100.000 dinars, soit 1.200.000 à 1.500.000 francs, somme énorme pour l'époque.

Sous le règne du khalife El-Motouakkel, le Nilomètre de l'île de Rodah fut détruit par un tremblement de terre : il fut reconstruit à peu de chose près tel qu'il est de nos jours et fut nommé le Nouveau Nilomètre, El-Mekyâs-el-Gedîd.

La fin de la dynastie des Abbassides fut marquée par des crimes épouvantables et par l'élévation d'esclaves à de hautes dignités ; c'est ainsi que Touloun, esclave turc, obtint la faveur du khalife régnant, qui fit élever son fils Ahmed aussi bien qu'on le pouvait. Ahmed parvint à avoir la vice-royauté de l'Egypte, s'y rendit indépendant et fonda la dynastie des Toulonides [1].

---

[1]. Il ne sera pas inutile de donner ici les noms des khalifes des deux premières dynasties, pour les lecteurs que cette liste pourrait intéresser ; quoique cette nomenclature soit peu intéressante par elle-même, elle forme cependant la charpente osseuse de l'histoire.

Khalifes Ommeyyades

Moaouîah, ibn Abi-Sofiân	règne en	41=661
Yezîd, ibn Moaouîah	—	60=681
Moaouîah, ibn Yezid	—	64=684
'Abd-allah, ibn Zobeir	—	64=684
Merouan, ibn Hâkim	—	64=684
'Abd-el-Melek, ibn Merouân	—	65=684
Oualid, ibn 'Abd-el-Melek	—	86=705
Soliman, ibn 'Abd-el-Melek	—	96=714
'Omar, ibn 'Abd-el-Aziz	..	99=717
Yezîd, ibn 'Abd-el-Melek	—	101=720

Dynastie des Toulonides

Cette dynastie compte 5 règnes et dura 37 ans, pendant lesquels les princes d'Egypte résident à Fostât.

Ahmed, ibn Touloun, de simple gouverneur de l'Egypte, s'était rendu indépendant en l'année 870. Ce règne est surtout remarquable par les grandes constructions qui furent entreprises et menées à bien. D'abord Ahmed ne se contenta point du palais des anciens gouverneurs qui n'était plus suffisant pour loger sa maison et ses richesses. Il fit construire à l'est de Fostât et du quartier

Hescham, ibn 'Abd-el-Melek règne en	105	=724
Oualid, ibn Yezid —	125	=743
Yezid, ibn Oualid —	126	=744
Ibrahim, ibn Oualid —	126	=744
Merouan, ibn Mohammed —	127	=744

Khalifes Abbasides

Abou'l-Abbas, ibn Mohammed règne en	132	=750
El-Mansour, ibn Mohammed —	136	=754
Mahdy, ibn El-Mansour —	158	=775
Hady, ibn Mahdy —	169	=785
Haroun, ibn Mahdy —	170	=786
Amin, ibn Haroum —	193	=809
Motassem, ibn Haroun —	198	=813
El-Mamoun, ibn Haroun —	218	=833
Ouatheq, ibn Motassem —	227	=842
Motouakkel, ibn Motassem —	232	=847
Montasser, ibn Motouakkel —	247	=861
Mostain, ibn Mohammed —	248	=862
Motaz, ibn Motouakkel —	252	=866
Mohtady, ibn Ouatheq —	255	=869
Motamed, ibn Motouakkel —	256	=870

d'Asker, aux lieux qui sont aujourd'hui les places de Roumelîeh et de Karamidan, un palais énorme, avec citadelle, manège, écuries somptueuses pour loger sa cavalerie, et où il avait pris l'habitude de passer ses chevaux en revue. Près de son palais se créa bientôt de lui-même un quartier considérable, une nouvelle ville, au témoignage des auteurs arabes et des auteurs coptes, qui fut nommée El-Qataîah, que l'on bâtit dans des terrains restés jusque là sans possesseurs. Les richesses d'Ahmed, fils de Touloun, étaient si considérables qu'il fit une remise de 100.000 dinars sur les impôts vexatoires qui grevaient les malheureux Egyptiens. Curieux du bonheur et de la splendeur de l'Egypte, il s'occupa beaucoup des travaux publics, fit construire des aqueducs, des fontaines, des mosquées, même des abreuvoirs pour les animaux ; il fit réparer l'antique phare d'Alexandrie qui comptait déjà plus d'un millier d'années et ordonna d'entourer cette ville d'une enceinte qui la mît à l'abri d'un coup de main. Il fonda le premier hôpital arabe à Fostât, sur les bords du Nil, afin que les malades pussent jouir du voisinage du fleuve. En l'année 870, il rebâtit la ville de Rosette, et certains auteurs ont même écrit qu'il la fonda ; mais cette ville existait depuis longtemps déjà, se nommait Raschid en égyptien et Bolbouthiô en grec ;

d'où est venu le nom de branche bolbitique ou bolbitine donné au bras du Nil qui avait son embouchure près de cette ville. Cette année même Ahmed ibn Touloun mourut, laissant l'Egypte dans une grande prospérité. Au centre de la ville d'El-Qataîah, sur la petite hauteur d'Yeschkat, existe encore aujourd'hui un témoignage de la richesse du prince et de sa générosité : c'est la mosquée dite *Mosquée de Touloun,* dont le coût s'éleva à 2.000.000 de notre monnaie d'après les historiens arabes, et ces deux millions auraient été pris, dit la légende, dans les trésors trouvés, ce qui montre que la chasse aux trésors avait conservé en Egypte toute sa vogue. A la mort du prince, son trésor renfermait environ 150 millions de francs, quoique la révolte de son fils Abbas lui eut coûté, quatre ans auparavant plus de 30 millions. On a écrit qu'à cette époque le revenu annuel de l'Egypte était de 300 millions de pièces d'or : c'est là une exagération sans doute, car ces pièces d'or auraient fait quatre milliards et demi de francs, et jamais l'Egypte n'aurait été capable de les trouver à cette époque. Mais quoiqu'il en soit de cette exagération, elle montre bien qu'on était loin des 14.000.000 de dinars que le successeur de 'Amr avait pu retirer de l'Egypte, *en affamant les petits.* La générosité d'Ahmed ibn Touloun fut proverbiale : elle s'exerça surtout envers les chanteurs, les musiciens et les improvisateurs.

Khomarouîah, fils et successeur d'Ahmed ibn Touloun, sut trouver le moyen d'éclipser encore la magnificence de son père, sans vexer le peuple égyptien. Cette magnificence parut surtout à l'occasion du mariage de sa fille *Katr-enneda* (*Goutte de rosée*) avec le fils du khalife de Baghdad El-Motadded, qui devint lui-même khalife par la suite sous le nom d'El-Motkafy. Il aurait donné à sa fille selon les auteurs arabes, une dot de un million de dinars, avec 1000 mortiers à parfums en or, un trône d'or ombragé par un treillis d'or formant coupole, où dans chaque trou du treillis se balançait une perle d'un prix inestimable. Il aurait fait construire un palais à chaque station où sa fille se serait arrêtée du Caire à Bagdad, etc. Un jour il aurait distribué des habits précieux et des dinars aux femmes de son harem, autour d'un bassin ; et des pièces qui retombaient dans le bassin on récompensa celui qui avait acheté les vêtements et qui eut ainsi 70000 pièces d'or. La ville de Fostàt était alors dans toute sa splendeur ; elle comptait 1170 bains, des maisons où il fallait chaque jour pour le service 400 charges d'eau : l'abondance régnait partout : cinq *ardebs* de blé, environ 9 hectolitres passant, se vendaient un dinar, et même on en avait eu dix pour la même somme sous le règne d'Ahmed ibn Touloun.

Les successeurs de Kamarouîah Ier dégénérèrent bien vite : de 905 à 934, elle revient aux khalifes Abbasides, puis le gouverneur d'Egypte se révolta, prit le nom de roi des rois, El-Ikhschîd et se rendit indépendant.

Dynastie des Ekhschîdides

Cette dynastie comprend 5 règnes et dura 34 ans pendant lesquels les princes de l'Egypte résident encore à Fostât.

Cette dynastie n'est célèbre ainsi que les précédentes des Abbassides, que par les guerres civiles incessantes dont l'Egypte devient alors la proie ; chacun des prétendants voulant l'avoir pour lui, elle était devenue le champ de bataille où se rencontraient les diverses armées, jusqu'au moment où le général Gaouhar, en fit la conquête pour le khalife Moezz, de la famille des Fatimides[1], en 957 de l'hégire, 968 de notre ère.

---

[1]. Voici les souverains des trois dynasties dont l'histoire vient d'être succinctement résumée :

Dynastie des Toulonides

Ahmed, ibn Touloun	257=870
Khamarouiah, ibn Ahmed	271=884
Geisch, ibn Khamarouiah	282=895

Dynastie des Fatimides

Cette dynastie était originaire de l'Afrique Septentrionale; elle a fourni des princes qui ont régné en Sicile et en Sardaigne et qui se disaient issus de Fatmah, fille chérie de Mohammed le prophète. Elle a fourni 11 princes qui ont régné 188 ans.

Dès que l'Egypte eut été conquise par le général Gaouhar, celui-ci fit faire dans l'administration de l'Egypte une réforme complète et en profita pour opérer des dégrèvements sérieux dont la population égyptienne lui fut reconnaissante. Puis, pour perpétuer le souvenir de sa victoire et en même temps, comme heureux présage des victoires futures, il fonda la ville de Masr el Qâhîrah, Masr la victorieuse, le Caire, qui était appelé à

Haroun, ibn Khamaroulah	289=896
Sinan, ibn Ahmed	292=904

Dynastie des Khalifes Abbasides

Moktafy, ibn Motadded	292=905
Moqtader, ibn Motadded	295=908
Taher, ibn Motadded	320=932
Raddy, ibn Moqtader	322=934

Dynastie des Ekhschîdides

Mohammed Ekhschid	323=934
Abou-Hour, ibn Ekhschid	334=946
Abou-Hassan' Aly, ibn Ekhschid	349=961
Kofour, el-Ekhschidy	355=966
Abou'l Fouaris, ibn' Aly	357=968

une si grande fortune. Il y avait ainsi six villes qui se touchaient et dont deux existent encore : Masr el Qadîmah, ou le vieux Caire, près de Babylone d'Egypte ou le Qasr schamâ'; Fostât, la ville de la Tente, fondée par 'Amr ; la ville d'El Qataîah, la ville d'El'Asker, ces deux dernières réservées surtout aux militaires, la ville des Toulonides, et enfin la ville nouvelle du Caire : cette dernière était au Nord-Est de Fostât et au Nord d'El-Qataîah. Elle fut pourvue de suite de monuments remarquables et c'est à cette époque qu'il faut faire remonter la fondation de la grande mosquée d'El-Azhar et de l'université musulmane qui en dépend, et aussi du grand palais des khalifes Fatimides connu jadis sous le nom d'El-Qasrein (les deux châteaux). De ces deux monuments, le dernier a presque complètement disparu et il faut avoir le flair des archéologues pour le trouver dans la série des rues tortueuses qui en occupent aujourd'hui l'emplacement ; le premier est toujours existant, centre de tout le mouvement religieux de l'Egypte et d'une grande partie de l'Afrique, car l'université musulmane est toujours fréquentée par un grand nombre d'étudiants de toute race et de toute couleur qui en emportent un fanatisme étroit qu'ils vont ensuite répandre dans les pays où ils établissent leur résidence.

En 972 de notre ère, 362 de l'hégire, le khalife Moezz arriva dans la nouvelle ville et dans le palais qu'on lui avait préparé ; il apportait avec lui d'immenses trésors qu'il y logea, et depuis lors, il y résida ainsi que ses successeurs jusqu'à la fin de la dynastie. Il y mena large vie dans le luxe oriental et l'Egypte fut assez heureuse sous ce prince et sous ses premiers successeurs.

Mais avec le khalife Hakem, (996-1020 ou 386-410) elle devint la proie de l'un des monstres les plus complets que mentionne l'histoire. Cependant le règne de ce prince ne fut pas sans quelques-unes de ces actions que l'on est convenu d'appeler méritoires : ainsi il éleva la mosquée nommée d'après lui mosquée de Hakem, et il fonda la Bibliothèque et l'Académie connues sous le nom de *Maison de la Sagesse*. Inféodé aux doctrines de sectaires, il prétendait avoir des révélations de Dieu sur la montagne de Moqattam et c'est de là qu'il rapportait des édits qui dénotaient une folie lucide des plus cruelles. Les juifs et les chrétiens furent persécutés ; ordre leur fut donné de ne plus pratiquer leur religion, de ne plus paraître en public qu'avec un signe particulier qui les fit reconnaître de tous : puis par un nouvel acte de folie, l'édit était rapporté sans motif. Les femmes devaient rester dans leurs maisons et ne pas en sortir, même pour aller aux provisions ; les marchands ambulants leur tendaient ce dont elles avaient besoin dans une cuiller à long manche de bois, où elles mettaient ensuite le prix. La terreur qu'il inspirait était si grande qu'il put se faire proclamer Dieu et mettre le feu au Caire, comme un nouveau Néron, sans que personne ne s'armât contre lui ; une révolution du palais devait le faire disparaître, car, ayant appris qu'il avait résolu leur mort, sa sœur et son chef de troupes le firent assassiner sur le mont Moqattam, sans avoir égard aux révélations divines qu'il y recevait.

En 427 de l'hégire, 1035 de l'ère chrétienne, le khalife Mostanser monta sur le trône : son long règne ne fut guère qu'une suite de revers. Les intrigues de palais faisaient et défaisaient les vizirs, c'est-à-dire les ministres auxquels était passée l'administration suprême de l'Egypte. Un homme du peuple se donna pour le khalife Hakem ressuscité ; il fallut le mettre à mort avec ses complices. L'Egypte fut en proie à la guerre extérieure et intérieure tout à la fois : le khalife réussit à éteindre l'une par l'autre, il lança deux puissantes tribus arabes, toujours en guerre, contre les princes de Syrie qui en voulaient à l'Egypte dont la domination s'étendait sur une grande partie de la Syrie. Pendant qu'on se battait, le khalife dépensait la plus grande partie de ses trésors à décorer les édifices religieux. Cette piété du khalife n'empêcha point la famine de survenir : en 1052, la crue du Nil fut médiocre, et pendant les deux années suivantes, elle fut presque nulle. Les céréales devinrent extrêmement rares et le sac de blé valut 120 francs. La peste vint en plus décimer la population. En 1055, une crue favorable vint faire renaître l'espérance. Pour renouveler les trésors épuisés, le khalife et ses vizirs eurent recours à la spoliation des églises chrétiennes, aux vexations de toute sorte, si bien que la misère des chrétiens fut à son comble. Le khalife se montrait de plus en plus faible et devint le jouet des intrigants de bas étage, plus encore que de ses vizirs. La rivalité des Turcs et des Nègres, qui composaient la garde particulière du khalife et celle de sa mère, vint encore augmenter les troubles et la discorde : les Turcs finirent par être victorieux et leur chef extermina jusqu'au dernier de leurs noirs ennemis. Il se donna alors le plaisir de traiter le khalife avec mépris, et celui-ci fut obligé d'appeler à son secours le gouverneur de Damas Bedr-el-Gemaly pour l'opposer à Naser-ed-doulah dont la tyrannie était telle qu'il avait forcé le khalife à vendre tous les trésors amassés dans le palais, pendant que défense avait été faite par les Turcs d'enchérir, si bien qu'il les avait eus presque pour rien. Mais Naser-ed-doulah, d'abord vaincu, sut reprendre l'offensive, pendant que Bedr-el-Gemaly ne bougeait pas. La famine revint désoler le Caire ; il n'y avait plus de blé et l'hectolitre valait 750 francs ; un œuf 15 francs, un chat 45 francs. On mangeait de tout : les écuries du khalife qui comptaient 10.000 chevaux furent dévastées, et il ne resta que trois chevaux. Les hommes se mangeaient les uns les autres, on enlevait les femmes et les enfants dans les rues pour les manger ; si justice se faisait, les condamnés attachés à la potence étaient dévorés pendant la nuit. Le khalife lui-même avait vendu tout ce qu'il avait, même les vêtements de ses femmes qui sortaient nues du palais pour aller tomber mortes de faim dans les rues. Des accapareurs avaient caché tout le blé et Naser-ed-doulah empêchait que le blé de la Basse-Egypte ne parvînt au Caire ; quand il redevint maître de la capitale, il trouva Mostanser assis sur une pauvre natte avec trois vieux esclaves demi nus pour toute sa garde. Le malheureux, réduit à supporter une fois de plus la tyrannie de Naser-ed-doulah, et après l'assassinat de Naser celle d'Ildekouz, son meurtrier, fût obligé de recourir encore une fois à Bedr-el-

Gemaly. Celui-ci arriva enfin, exigea l'emprisonnement d'Ildekouz et fit assassiner tous les chefs Turcs dans un grand festin qu'il leur donna. Il fit alors disparaître tous les personnages qui avaient pris part aux diverses révoltes, et cela fait s'appliqua à ramener le calme et la confiance chez les Égyptiens, à faire cultiver la terre qui avait été abandonnée en partie et l'Égypte devint bientôt florissante, (1074). Deux ans plus tard, un prince turc faillit s'emparer de l'Egypte et de sa capitale pendant que l'armée égyptienne était occupée dans le Sa'ïd à soumettre les derniers révoltés. Pendant les troubles, la ville plusieurs fois incendiée avait subi les plus grands changements : le quartier d'El-Qataîah fut complètement ruiné ainsi que Fostât : la ville proprement dite du Caire en profita. C'est après la pacification que furent élevées, dans les nouveaux remparts qui entourèrent la ville, les portes de Bâb-el-Nasr, Bâb-el-Fotouh et Bâb-el-Zoueileh qui existent encore. Ce long règne vit la destruction de la puissance arabe en Sicile par les chevaliers Normands et Robert Guiscard; le suivant devait voir la première croisade.

Le successeur de Mostanser, son fils Mosta 'Ali eut pour vizir Schâinschâh, fils de Bedr-el-Gemaly (487-495 ou 1094-1101). L'Egypte fut tranquille relativement sous ce règne : Schâinschâh reprit sur les Turcs la Syrie qu'ils avaient conquise ; mais deux ans avant la fin de son règne, elle fut conquise par les croisés qui enlevèrent Jérusalem le 14 juillet 1099. Ils tentèrent même de s'emparer de l'Egypte qui était restée en dehors des pays où avaient guerroyé les soldats de la croisade ; mais ils furent défaits sous les murs d'Ascalon.

'Amr succéda à Mosta 'Ali (1101 ou 495). Sous son règne les croisés de Jérusalem conduits par le roi Baudoin I*er*, successeur de Godefroy de Bouillon, ne se laissèrent pas arrêter par le désert ; ils prirent et brûlèrent El-Fermâ, ou Péluse, et la mort, qui atteignit le roi sous les murs d'El'Arisch, épargna seule à l'Egypte les horreurs de l'invasion.

Ce fut vers cette époque (1124) que la secte des Bathéniens ou des Haschschaschîns, les *Assassins*, prit de la force. Leur chef, connu en France sous le nom de *vieux de la montagne* se faisait passer pour prophète et la croyance qu'avaient en lui ses affiliés était telle qu'ils n'hésitaient pas un seul instant à entreprendre les missions les plus périlleuses pour servir leur maître. Il avait eu l'idée de leur donner les hallucinations que produit l'ivresse du haschisch (de là leur nom) et de leur promettre le paradis avec toutes les voluptés qu'ils rêvaient dans leur ivresse. Il fut bientôt assez puissant pour faire assassiner le khalife dans sa propre capitale.

Déjà la dynastie des Fatimides touchait à la décadence. Le règne de Dâfer la consomma : c'est dire que l'Egypte fut dans le plus pitoyable état. En 1153, les croisés, s'étant emparés d'Ascalon, menaçaient l'Egypte, et les Normands établis en Sicile firent une descente près du lac Menzaleh, s'emparèrent de Tennis, pillèrent et détruisirent cette ville. Tout cela laissait Dâfer insouciant : il ne s'occupait que de contenter sa lubricité par des actes sodomiques et, ayant aussi souillé le fils de son vizir, celui-ci le fit assassiner en 1154.

Le règne d'El'Aded en 1160 termina la décadence complète. Amaury Ier, roi de Jérusalem, envahit l'Egypte et c'est alors qu'il tenta de s'emparer du Caire, de le piller et de se le faire racheter. Il réussit en partie, quoique les habitants de Fostât se fussent vigoureusement défendus en incendiant leur ville qui, pendant 54 jours, fut la proie des flammes, il obtint un tribut d'un million de dinars, dont il ne reçut jamais que 200.000 ou 300.0000 de francs. L'Atabeg de Syrie Nour-ed-dîn qui avait envoyé son armée au secours de l'une des factions entre lesquelles l'Egypte était divisée pendant que l'autre appelait les Croisés, battit Amaury et l'obligea d'évacuer le Caire, puis l'Egypte, non sans avoir payé une autre somme de 1.500.000 francs. Mais le roi de Jérusalem revint bientôt en Egypte. Les troupes de Nour-ed-dîn lui infligèrent une défaite définitive près de Belbeis. C'est à cette bataille qu'on voit user pour la première fois de pigeons voyageurs pour transmettre les messages. Les Croisés partis, le khalife fit tuer son vizir Schaouâr, le remplaça par Schirkouet, généralissime de l'armée de secours, puis après la mort de celui-ci, par un de ses neveux qui ne l'avait suivi en Egypte qu'à regret : ce nouveau vizir se nommait Yousouf Salah-ed-dîn qui, saisissant l'occasion trouva qu'il valait mieux que celui qui exerçait en réalité le pouvoir prit le titre royal, et, ayant repoussé une attaque combinée des Grecs et des Croisés contre Péluse, il fit faire la prière en son nom et prit le titre de khalife avant même que le dernier des khalifes fatimides eut rendu le dernier soupir.

Dynastie des Ayoubides [1]

Cette dynastie comprend 8 règnes et dura 80 ans. Salah-ed-dîn est le Saladin de nos chroniques

---

[1]. Voici le tableau des princes appartenant aux deux dynasties Fatimide et Ayoubîde.

Dynastie Fatimide

Moezz, ibn el Mansour . . . . 362 = 972 françaises. Ce fut un prince plein de vaillance guerrière et très brillant ; un moment il arrêta la décadence de l'empire arabe et parvint à reprendre Jérusalem aux Croisés. Il appartenait à la secte des Schafeites, tandis que les Fatimides étaient sectateurs de 'Aly : il fit bâtir le tombeau et le collège de l'Imâm Schafey, pendant qu'il détruisait les bibliothèques et les Académies de la secte adverse. Il s'entendait aussi bien à soigner ses intérêts temporels que ses intérêts spirituels ; à la mort de Nour-ed-dîn, sous le spécieux prétexte de protéger le jeune héritier de *l'atabek* [1], il

'Azîz, ibn Moëzz	365= 975
Hakem, ibn 'Aziz	386= 996
Daher, ibn Hakem	411=1021
Mostanser, ibn Dâher	427=1036
Mosta 'Aly, ibn Mostanser	487=1084
Amr, ibn Mosta 'âly	495=1101
Hafiz, ibn Mohammed	524=1130
Dafer, ibn Hafiz	544=1149
Faïz, ibn Dafer	549=1154
Aded, ibn Youssouf	556=1166

Dynastie des Ayoubides

Salah ed-dîn Yousouf	567=1171
Mélek el 'Azîz, ibn Youssouf	589=1193
Mélek el Mansour, ibn 'Azîz	595=1198
Mélek el 'Adel, ibn Ayoub	596=1199
Mélek el Kâmel, ibn 'Adel	615=1218
Mélek el 'Adel, ibn Kâmel	635=1238
Mélek el Salah, ibn Kâmel	637=1240
Mélek el Moazzem, ibn Salah	647=1249

1. On appelait ainsi les princes de Damas qui avaient été d'abord de simples précepteurs des kalifes et qui avaient fini par se substituer à leurs élèves.

s'empara de son royaume et défit successivement tous ses adversaires. Ayant trouvé d'immenses trésors dans le palais des khalifes, il les employa à se former une armée, à la maintenir sur un bon pied, plutôt qu'à donner libre carrière à toutes les fantaisies ruineuses de ses prédécesseurs. Presque toujours hors de l'Egypte, il avait confié le gouvernement à son vizir Bohâ-ed-dîn, nubien d'origine, qui s'occupa avant tout de rendre à ce pays ses richesses naturelles et fit rétablir toutes les digues et tous les canaux qui servaient à l'irrigation des terres. Il fit refaire le pont des pyramides où il y avait quarante arches et, pour avoir les pierres nécessaires à cette construction et à celles qui vont être indiquées, il fit démolir les petites pyramides de Gîzeh. Il fit construire encore la citadelle du Caire, toujours existante, quoique réédifiée en notre siècle, et bâtit un palais pour Salah-ed-dîn dans l'emplacement qu'occupe aujourd'hui la riche mosquée de Mohammed 'Aly (Méhémet Aly). Il fit aussi refaire les murs du Caire. Malgré que les ruines de Memphis, comme les petites pyramides de Gîzeh, eussent fourni les matériaux nécessaires à ces constructions, il fallut des impôts très lourds pour y subvenir : le peuple murmura, mais ne se révolta point et se vengea en donnant le surnom de Qarâqousch (*oiseau noir*) au vizir et en en faisant une sorte de *polichinelle* égyptien toujours existant et dont les lazzi licencieux ont toujours le don de faire rire le peuple.

Après la reprise de Jérusalem par Salah-ed-dîn, le royaume chrétien de Syrie fut presque détruit : on prêcha en Europe une nouvelle croisade, la troisième, et l'on ramassa la dîme Saladine. Le roi de France, Philippe-Auguste, et le roi d'Angleterre, Richard-Cœur-de-Lion, assistèrent à cette croisade qui fut malheureuse par suite de la rivalité des deux princes et fut bien loin de donner les résultats attendus ; elle ne servit guère qu'à montrer les idées chevaleresques de **Richard** et de Salah-ed-dîn. Elle finit par une trêve conclue en **1192**, pendant laquelle Salah-ed-dîn mourut à Damas. Sous son règne, le plus honnête et le plus véridique des auteur arabes, le médecin 'Abd el Latîf (le bon serviteur) visita l'Egypte. Le récit de son voyage a été traduit par l'illustre orientaliste S. de Sacy.

Les successeurs de Salah-ed-dîn ne furent guère que de pâles souverains près de la grande image du fondateur de la dynastie. Son fils El-Mélek-el-'Azîz fut un prince sans volonté. Il essaya d'abord de détruire les pyramides de Gîzeh : une armée de carriers, de sapeurs, de mineurs se rendit sur le plateau où s'élevaient ces monuments gigantesques; après huit mois d'efforts et de dépenses considérables, on n'avait enlevé qu'une partie du revêtement de la troisième pyramide. Il fallut y renoncer. El-'Azîz s'attaqua l'année suivante (1197) aux mœurs qui étaient depuis longtemps acclimatées dans la ville du Caire : prince rigide et austère, il voyait avec indignation les orgies et ce que les Arabes appellent *fantasias* se passer sur certains lacs laissés par l'inondation, notamment sur le lac de la plaine Ezbekîeh, à l'endroit où est aujourd'hui situé le jardin de l'Ezbekîeh et sur le Birket-el-Fîl ; il voulut s'y opposer et se suscita à l'animosité du peuple. Sa rigidité ne l'avait point empêché d'ailleurs d'enlever son héritage à son frère aîné Nour-ed-dîn, sultan de Damas.

En l'année 1200, El-Melek-el-'Adel, frère de Saladin, usurpa le pouvoir sur son neveu. Ce fut un prince habile qui sut repousser les Croisés par la force ou par l'argent, leur abandonnant les places fortes qu'il ne pouvait conserver. Tout son règne ne fut qu'une suite continuelle de guerres, avec des succès et des revers. Il vit encore les Croisés conduits par Jean de Brienne, roi de Jérusalem, assiéger Damiette, ville qui par sa position sur l'embouchure du Nil, assurait une entrée en Egypte, et il mourut pendant le siège.

Son fils El-Melek-el-Kâmel lui succéda et vit Damiette succomber. Mais les divisions se mirent dans le camp des Croisés, par suite de l'orgueil et des prétentions du légat Pélage ; elles devaient conduire l'expédition à la ruine. Cependant ils avancèrent d'abord jusqu'à Mansourah qu'ils prirent : la route leur était ouverte vers le Caire. La nécessité réconcilia les héritiers qui s'étaient partagés l'empire de Salah-ed-dîn : ils réunirent une armée qui vint cerner les Croisés et l'on ouvrit les digues pour inonder leur camp. Les Francs furent obliger de rétrograder, ils obtinrent d'évacuer l'Egypte sans être inquiétés, moyennant la reddition de Damiette.

En 1240, El-Melek-el-Saleh occupe le trône. La huitième année de son règne, la première croisade de Louis IX a lieu et le 29 Juin 1249 le roi de France prend de nouveau Damiette ; puis l'armée chrétienne s'avance dans l'intérieur des terres pendant que l'armée musulmane l'attend à Mansourah. El-Melek-el-Saleh avait fondé la garde des mamlouks qui allaient bientôt détrôner sa dynastie. Il mourut pendant les préparatifs de la bataille qui allait se livrer. Son esclave favorite fit tenir sa mort secrète : elle se nommait Schageret-ed-dôr (*la perle des prairies*). Elle fit reconnaître El-Moazzem grâce à ce subterfuge. Cependant les

Croisés avançaient : ils eurent un premier succès à Schannessah, puis un second à Mansourah même (la Massoure de nos historiens) ; mais emportés par leur ardeur et s'étant disséminés, ils furent attaqués par les mamlouks ralliés, repoussés et finalement obligés de rebrousser chemin : l'armée entière fut faite prisonnière par les Musulmans près de Fareskour. Mais les Emirs ne tardèrent pas à se révolter contre le jeune sultan, ils le massacrèrent à Fareskour ; l'un deux alla porter sa tête à Louis IX et lui offrir la couronne qui fut refusée. C'est ainsi que finit la dynastie ayoubide, pendant que le roi de France avec ses barons étaient prisonniers de guerre en Egypte. Un traité intervint bientôt : Louis IX rendit Damiette pour sa rançon et paya 6 millions de francs pour celle de ses compagnons. Ce beau succès ne le guérit point du goût des aventures lointaines et il devait entreprendre une dernière croisade où la mort par la peste l'attendait à Tunis.

Dynastie des sultans Mamlouks Baharites

Cette dynastie comprend 27 règnes et a duré 132 ans. Elle est nommée des Mamlouks baharites, parce que ces jeunes esclaves, turcs d'origine, étaient élevés dans le métier des armes dans l'île de Raoudah, au milieu du Nil qui était appelé *bahar* par les Egyptiens.

Cette dynastie n'est qu'une longue suite de guerres, de meurtres, de pillages. Djendjis-Khan (Gengis Khan) avait déjà envahi une partie de l'empire arabe ; les Mongols un moment arrêtés par sa mort, reprirent bientôt l'offensive sous la conduite de Houlagou, son petit-fils, ils s'emparèrent de Bagdad et mirent fin au pouvoir temporel des Khalifes Abbasides.

La première héritière du sultan Moazzem fut la princesse Schageret-ed-dôr ; elle se donna un *âtabek* qui devint bientôt sultan et l'épousa, après qu'elle eût perdu son titre de sultane ; mais de fait elle gouverna longtemps. Des guerres continuelles et sanglantes commencèrent le nouveau règne, et, la nouvelle de la défaite du sultan Ybek étant parvenue au Caire, ses ennemis triomphaient, lorsqu'il revint victorieux. Il tira une horrible vengeance de ceux qui avaient salué sa mort. Il mourut assassiné par les ordres de Schageret-ed-dôr, au moment où il allait épouser une princesse, la fille du roi de Mossoul Bedr-ed-dîn-Loulou : les mamlouks se chargèrent de venger leur prince et Schageret périt sous des coups de sabots à haut talon, nommés en Egypte *qabqab*, tels que ceux que l'on porte aux bains. Peu de temps après

Houlagou fut rappelé en Tartarie, et son lieutenant Ketboghâ fut tué dans une bataille, ce qui délivra l'Egypte de la crainte de l'invasion tartare.

Parmi les sultans les plus célèbres de cette dynastie, il faut citer El-Beïbars qui fut un homme assez juste, quoiqu'il fût monté sur le trône par un assassinat ; sous son règne l'Egypte conquit assez de puissance au dehors, puisque Beïbars vainquit les Tartares, enleva aux chrétiens leurs dernières places en Syrie, subjugua l'Arménie et fit disparaître les derniers vestiges de la secte des Haschschaschîns. C'est lui qui bâtit le pont aux lions. Il se fit construire un tombeau près du grand établissement nommé *Moristân*, c'est-à-dire l'hôpital.

Vers 1280, le sultan Qalâoun s'élève au trône en dépouillant son pupille. Ce fut lui qui dans un accès de fureur livra la ville du Caire à ses mamlouks qui tuèrent et pillèrent pendant trois jours tout ce qui s'offrait à leurs coups et à leur convoitise. Comme témoignage de son repentir, il fit construire le grand Moristân, avec sa mosquée et le tombeau. Il fit aussi commencer l'édification d'une mosquée dans la citadelle, mosquée qui fut détruite par une explosion en 1824.

En 1292, le successeur de Qalâoun, El-Melek-el-Aschraf-Khalîl, fit construire sur l'emplacement des tombeaux des anciens sultans ayoubides le célèbre bazar du Caire que tous les voyageurs connaissent et qui fut nommé d'après son nom Khan Khalîl.

Rien de remarquable dans les règnes qui finissent la dynastie, sinon l'anarchie parmi les Mamlouks avec des assassinats répétés. En 1357, le sultan Hassan fit jeter les fondements de la grande mosquée connue sous son nom, sur la place de Roumelîeh, en face de la citadelle. Les historiens arabes se sont complus à exagérer le prix qu'elle avait coûté : 15000 francs par jour, pendant une période de trois années, ce qui fait environ 16 millions de francs. Cet édifice vraiment remarquable est assez mal entretenu, comme à peu près tous les édifices du Caire qui sont appelés à disparaître dans un temps plus ou moins éloigné.

En 1365, sous le règne de Schaabân-ibn-Hassan, le roi de Chypre Lusignan, avec l'aide des Chevaliers de Rhodes exerçant la piraterie, prit et saccagea la ville d'Alexandrie. Ce fut ce même sultan qui ordonna de faire le cadastre de l'Egypte : ce cadastre nous a été conservé et a fourni les plus appréciables facilités pour la géographie ancienne de l'Egypte ; car, malgré toutes les révolutions dont ce malheureux pays était le théâtre, les habitants mouraient où ils étaient nés et les noms de leurs villages s'étaient le plus souvent conservés les mêmes depuis les temps les plus reculés.

Les derniers règnes de cette dynastie furent marqués par l'ambition de Barqouq, qui fit à la fin exiler le sultan et prit lui-même le pouvoir, fondant ainsi la dynastie des Mamlouks Circassiens[1].

[1]. Voici la liste des sultans qui appartiennent à cette dynastie.

Shcageret ed dôr	648=1250
Ybek-Djaschenkyr	648=1250
Melek el Aschraf, ibn Youssouf	648=1250
Nour ed din 'Aly, ibn Ybek	655=1257
Melek el Mozaffer Qoouz	657=1259
Beibars el Bondoqdary	658=1260
Barkah-khan, ibn Beibars	676=1277
Salamesch, ibn Beibars	678=1279
Melek el Mansour Qalâoun	678=1279
Khalîl, ibn Qalâoun	689=1290
Melek el Tâher Beidara	693=1293
Melek el Naser, ibn Qalâoun	693=1293
Melek el'Adel Ketboghâ	694=1294
Melek el Mansour Lagîn	696=1296
Beibars el Djaschenkyr	708=1308
Abou Bekr, ibn el Naser	741=1341
Koutschouk, ibn el Naser	742=1341
Ahmed, ibn el Naser	742=1342
Ismaïl, ibn el Naser	743=1342
Schaaban, ibn el Naser	746=1345
Hagy, ibn el Naser	747=1346
Hassan, ibn el Naser	748=1347
Salah ed din, ibn el Naser	752=1351
Mahommed, ibn Hagy	762=1360
'Schaaban, ibn Hassan	764=1362
Aly, ibn Schaabân	778=1376
Hagy, ibn Schaabân	789=1381

Dynastie des Mamlouks Circassiens ou Bordjites

Cette dynastie comprend 26 règnes et dura 125 années. Ces mamlouks n'étaient pas originaires de Circassie, mais bien de Sibérie ; mais ils étaient établis en Circassie et c'est là qu'on les achetait dans leur jeunesse pour les transporter au Caire pour être élevés dans les exercices guerriers et faire contrepoids aux mamlouks Turcs qui renversaient tous les souverains. Comme le mauvais exemple est contagieux, les mamlouks circassiens en firent tout autant. On les appelle Bordjites parce qu'ils avaient été chargés surtout de la défense des forteresses ; en arabe le mot qui signifie forteresse est bordj, ou borg selon la prononciation égyptienne.

Barqouq fut un prince entreprenant et ambitieux : il sut tenir en respect le fameux Timourleng (Tamerlan), qui conduisait ses Tartares à l'assaut de l'Asie. Il fut déposé par une révolte et envoyé à Karak où se trouvait son prédécesseur qu'il avait détrôné et qui redevint sultan Les proscriptions et les concussions du nouveau sultan firent regretter l'ancien et Barqouq fut rappelé. Il sut se tenir neutre entre les deux grandes puissances qui se disputaient l'Asie, les Turcs et les Tartares ; puis il accentua son inclination vers les Turcs, et allait s'attirer la vengeance de Timour-leng, lorsque celui-ci fut rappelé pour conquérir les Indes. Le danger n'était que remis ; mais Barqouq mourut d'une attaque d'épilepsie au milieu de ses préparatifs de guerre. Il fut aimé de ses peuples : il fit dégrever les impôts qui s'étaient alourdis sur les Égyptiens, il se montra charitable, faisant distribuer d'abondantes aumônes, en argent et en nature, aux portes de son palais, et protégea ceux qui s'adonnaient aux lettres, faisant bâtir pour eux le collège El-Medresseh-el-Daherîeh. Il fit aussi construire la mosquée qui porte son nom et un tombeau où il fut enterré près du mont Moqattam.

Son fils qui lui succéda, Farag, prévint l'invasion des hordes Tartares en se montrant diplomate ; mais il fut déposé par son peuple qui ne vit qu'une lâcheté dans sa diplomatie : rétabli quelque temps après, il fut de nouveau dépossédé par une révolution religieuse et fut décapité à Damas.

Sous le sultan El-Melek-el-Aschaf-Barsebây, l'Egypte fut heureuse à l'intérieure, glorieuse à l'extérieure, ce qui la compensa un peu des malheurs auxquels elle était habituée. Il fit alliance avec les Turcs qui allaient bientôt se rendre maîtres de Constantinople et humilia le roi de Chypre. Les pirates qui infestaient la mer Méditerranée sont aussi détruits. Ce sultan était juste. Il se fit bâtir un tombeau dans une vallée de la chaîne du Moqattam et construisit une mosquée dans le Darb el-Ghourîeh.

De 1467-1495, régna Qàit bey qui tint tête aux premières incursions des Turcs en Syrie et conclut avec Bajazet une paix honorable. Le père de Bajazet avait finit par s'emparer de Constantinople. L'émir Ezbeky, le général qui avait vaincu les Turcs, bâtit au Caire une mosquée sur la place nommée maintenant Ezbekîeh, du nom de cet émir. Le sultan se fit aussi construire un tombeau avec une mosquée dans la partie de la nécropole qui porte actuellement son nom.

La découverte d'une nouvelle route pour aller aux Indes par le cap de Bonne-Espérance vint changer du tout au tout la destinée de l'Egypte : le commerce avec les Indes ayant une nouvelle voie délaissa l'ancienne et l'Egypte s'appauvrit aussi. Elle ne devait retrouver son ancien monopole que grâce au percement de l'isthme de Suez en 1869. En attendant l'Empire des mers passait aux Portugais, et devant cette pénible constatation, Venise et l'Egypte conclurent ensemble une alliance contre les Portugais en 1504 ; mais cette alliance ne servit à rien.

Cette alliance avait été conclue sous le sultan

Qansou IV qui avait été promu au pouvoir suprême presque malgré lui. L'alliance échoua misérablement, et c'est à cette époque que le ministre de Portugal, Albuquerque, conçut le projet de détourner le cours du Nil avant son arrivée en Egypte pour le conduire au port de Qoseir sur la mer Rouge. Qansou améliora le sort de l'Egypte, construisit la mosquée d'El-Ghourîeh et tout ce quartier qui existe encore. La fin de son règne, en 1516, fut marquée par une nouvelle invasion des Turcs ottomans en Syrie; il résista, mais il fut tué dans une défaite que son armée essuya près de la ville d'Alep.

Toumân-bey II, son neveu, fut élu sultan d'Egypte. L'année suivante, 1517, les Turcs défirent l'armée égyptienne près de Gaza, envahirent l'Egypte et pénétrèrent dans la ville du Caire, après la bataille d'El-Redanîeh où les Égyptiens furent encore vaincus. Ceci se passait le 22 Janvier; sept jours plus tard, Toumân-bey rentre secrètement au Caire et extermine complètement les Turcs qui occupaient la ville (29 Janvier). Le sultan Selim fut alors obligé de reprendre la ville maison par maison : le combat entre assiégeants et assiégés dura trois jours et trois nuits : finalement le succès demeura aux Ottomans. Le sultan Selim fit offrir leur pardon aux mamlouks : huit cents d'entre eux acceptèrent et furent décapités sur la place de Roumelîeh, pour apprendre aux Cairotes et à l'Egypte comment le turc Selim gardait la foi jurée. La ville fut alors livrée au massacre et au pillage et 50.000 habitants trouvèrent la mort dans ces jours de malheur. Le 15 Février tout était terminé : le sultan Selim avait conquis le trône de Salah-ed-dîn et logeait dans son palais. Cependant Toumân-bey, avec ses derniers mamlouks, n'avait pas encore perdu toute confiance : retiré à Gizeh, il opposa à ses adversaires une résistance héroïque ; mais il fut vendu par un traître arabe qu'il avait couvert de bienfaits. Il fut traité d'abord avec honneur ; les traîtres qui l'avaient livré l'accusèrent d'un complot et Selim le condamna. Promené pendant six jours sur un chameau, la tête tournée vers la queue de l'animal avec son turban et son cimeterre qu'on promenait également avec lui, suivi d'une escorte de ses beys, il fut pendu le 13 avril 1517 sous la porte d'El-Zoueileh. Quelques jours plus tard Selim en personne, avec une hypocrisie mystique dont souvent ses pareils ont donné le spectacle, allait baiser les dalles qui pavaient le sol de la porte, versant des larmes abondantes et montrant tous les signes extérieurs de l'humilité et du repentir. C'est ainsi que finit la IIe dynastie des mamlouks: l'Egypte qui avait déjà été si éprouvée par les guerres continuelles et les dissensions de ces esclaves devait encore apprendre qu'elle n'avait pas épuisé le calice des mauvais jours [1].

Domination Ottomane

Après huit siècles de servitude, l'Egypte en était arrivée exactement à son point de départ: elle était retombée sous le joug de Constantinople,

---

1. Voici le tableau des princes de cette dynastie.

El Mélek el Dâher Barqouq	784=1382
Hagy, ibn Schaabân	791=1388
Farag, ibn Barqouq	801=1398
'Abd el'Aziz, ibn Barqouq	808=1405
Imam el Mostaîn billah	815=1412
Scheikh el Mahmoudy	815=1412
Ahmed, ibn el Mahmoudy	824=1421
Sef ed-dîn Tattar	824=1421
Mohammed, ibn Tattar	824=1421
El Mélek el Aschraf Barse-bây	825=1422
Youssouf, ibn Barse-bây	841=1437
El Mélek el Dâher Djaqmaq	842=1438
Othman, ibn Djaqmaq	857=1453
El Mélek el Aschraf Ynal	857=1453
Ahmed, ibn Ynal	865=1460
El Mélek el Dâher Khoschqadam	865=1461
El Mélek el Dâher Yel-bây	872=1467
El Mélek el Dâher Tamar-bogha	872=1467
El Mélek el Aschraf Qaït-bây	872=1467
Mohammed, ibn Qaït-bây	901=1495
Qansou Khams-mieh	901=1495
Qansou abou Saïd	904=1498
Qansou Djân balad	905=1499
El Mélek el'Adel Touman-bây	906=1500
Qansou el Ghoury	906=1501
El Mélek el Aschraf Toumân-bây	922=1516

avec cette différence que les Grecs si détestés avaient fait place aux Turcs plus détestables encore, plus froidement cruels, moins policés et plus avides de toutes les jouissances que donnent l'argent et la domination. Sans instruction ne prisant rien tant que la force brutale et se croyant les premiers des hommes parce qu'ils avaient la force en main, ils firent périr à petit feu ce qui restait de l'Egypte. Comme les empereurs de Constantinople, les Sultans ottomans déléguèrent leur autorité à un lieutenant qui se nomma pacha au lieu de s'appeler augustal, comte ou duc, mais le plus important pour le Grec ou pour le Turc était de garder l'Egypte sous sa main en la terrorisant chacun à sa façon. Le Turc se montra supérieur au Grec dans cette manière de gouverner. Afin de tenir le pacha d'Egypte sous sa main, on le nomma pour un an, avec faculté de lui renouveler son mandat s'il avait plu; de là de continuelles intrigues à Constantinople pour supplanter le pacha en exercice, des concussions toujours renouvelées du pacha en Egypte afin d'acheter la faveur du Sultan et de faire sa propre fortune. Les malheureux habitants de l'Egypte devaient tout regarder et ne rien dire, ne rien faire que fournir à leurs oppresseurs toutes et quantes sommes qu'il leur plaisait d'exiger, et ce peuple a eu l'inertie nécessaire pour supporter ce régime pendant plus de trois cents ans, jusqu'au moment où l'expédition française vint le tirer de sa torpeur en lui montrant ce que valait son pays.

Selim donna à l'Egypte une administration nouvelle, qui était réellement nouvelle pour les officiers supérieurs, mais qui, pour l'immense majorité des employés inférieurs, était identique à la vieille administration pharaonique laquelle avait traversé tous les siècles et toutes les révolutions, parce qu'elle était profondément adaptée au pays. Le pacha d'Egypte était chargé de la promulgation et de l'exécution des ordres impériaux qu'il recevait directement : son pouvoir était uniquement civil et n'avait rien de militaire. Le pouvoir militaire était réservé à un officier supérieur de l'armée ottomane, qui logeait à la citadelle et avait défense absolue d'en sortir : il commandait aux six corps de gens d'armes qui devaient maintenir l'Egypte dans la soumission et étaient chargés de percevoir le tribut. Ces six corps étaient appelés *odjâks* : c'étaient celui des Mouteferreqah, composé de l'élite de la garde du sultan ; celui des Tschaouschieh, composé des officiers en sous-ordre de l'armée de Selim et chargé de la perception des impôts ; celui des chameliers ; celui des fusiliers ou artilleurs ; celui des janissaires chargé de la police des villes, et enfin celui des Azâbs formé des anciens mamlouks échappés à la ruine et au massacre. Chaque corps était commandé par un *aghâ*, et ces *aghâs* composaient le *divan* ou conseil du gouvernement qu'ils étaient chargés de surveiller et dont ils pouvaient suspendre les ordres pour en référer à Constantinople. En plus de ce double pouvoir, il y en eut un troisième, celui des beys ou gouverneurs de province qui, au nombre de douze, devaient être choisis parmi les mamlouks qui avaient fait leur soumission : ils devaient servir de contre-poids aux deux autres pouvoirs constitués. Ce qui résulta de cette machine compliquée, ce fut une anarchie perpétuelle : les grands se disputaient et nécessairement les petits en pâtissaient.

Soliman Ier, le successeur de Sélim (1519), trouva moyen de compliquer encore ce mode de gouvernement : il créa deux divans, le grand et le petit, auxquels le pacha ne pouvait assister que derrière une fenêtre grillée. Le grand divan était chargé de délibérer sur les affaires générales du pays, il était convoqué par le pacha ; le petit, au contraire, était permanent et s'assemblait tous les jours pour expédier les affaires courantes. Le pacha dut prendre son logement à la citadelle et fut ainsi sous la main de l'aghâ qui commandait. On ajouta un septième *odjâq* au corps d'armée qui, composé de circassiens, eut le cinquième rang dans cette hiérarchie militaire. L'*odjâq* des janissaires fut désigné pour aller partout où le sultan l'enverrait ; il devint un corps indépendant dans cette armée, et nécessairement il advint que les janissaires s'emparèrent peu à peu de tout le pouvoir et que leur chef fut en réalité le maître de l'Egypte. Les chefs des *odjâqs* étaient inamovibles et pouvaient passer leurs charges à leurs descendants. Douze beys furent adjoints aux douze gouverneurs de province pour les contrôler davantage, si bien que chacun des sujets de Soliman était appelé à surveiller son voisin pour le bien de la Porte Ottomane. Les villes de Suez, de Damiette et d'Alexandrie restèrent sous le contrôle immédiat du sultan. Le sultan fut déclaré propriétaire du sol entier de l'Egypte : il en conférait une transmission inaliénable à des *moultezims*, sorte d'usufruitiers qui pouvaient le céder à leurs enfants ; les *moultezims* cédaient partie de leur fief aux fellahs, par une cession irrévocable tant que la famille du concessionnaire durait ; si le fellah mourait sans enfant, la terre revenait au *moultezim* qui la donnait à un autre fellah. L'impôt était dû à la fois par le *moultezim* et le fellah ; le non-paiement entraînait la déchéance de l'un ou de l'autre. Enfin, pour obvier aux extorsions illégales des gouverneurs, faculté fut donnée aux tenanciers de léguer leurs biens à des mosquées ou pour des œuvres pies qui prélevaient une partie du revenu. C'est ce qu'on nomme *ouaqfs*, ce qui se rapproche de nos *fabriques* avec leurs fondations : un bien ainsi consacré ne pouvait plus être retiré aux concessionnaires, à leurs descendants ou aux mosquées. Cet usage qu'on a cru nouveau durait depuis les plus anciens temps.

Tel fut en résumé le système de gouvernement usité en Egypte pendant trois siècles : c'était l'anarchie organisée. Aussi l'histoire d'Egypte n'est-elle qu'une suite continuelle de discordes toujours les mêmes, parce qu'elles n'avaient qu'un seul objet : l'acquisition de la richesse, d'une richesse rapide, par tous les moyens possibles. On ne s'occupa point de restaurer les canaux et les digues, les pachas n'avaient pas le temps ; on ne pensait qu'à faire rendre au pays le plus d'impôts possible : pour parvenir à ramasser le tribut il fallait au moins extorquer trois fois le chiffre de ce tribut, parce qu'il en restait toujours une parcelle aux mains qui le touchaient.

Trois siècles se passèrent ainsi. Sous le règne de Louis XIV (1672), Leibnitz présenta au roi un projet pour l'occupation de l'Egypte et Bossuet lui-même semble y avoir poussé ; mais le grand roi avait à s'occuper d'autres choses plus pressées. Un siècle plus tard, de 1766-1779, l'Egypte recouvrit tout à coup sa vigueur ancienne sous 'Aly-bey, que l'on a surnommé le Grand, qui chassa le pacha turc, se rendit indépendant et battit les armées de la Porte Ottomane. Il fit la conquête de la Syrie et de l'Arabie, tint un moment La Mecque en sa possession, conclut des alliances avec la Russie et Venise contre Constantinople. Il rétablit l'ordre dans l'administration intérieure de l'Egypte qui redevint prospère ; mais tous ces beaux commencements s'évanouirent assez vite : la trahison se mit dans son armée ; il fut vaincu, blessé, fait prisonnier et mourut au Caire des suites de ses blessures. L'Egypte retomba alors dans l'anarchie : deux beys se partagèrent le pouvoir, Ibrahîm et Mourâd, avec des alternatives de succès et de revers. Le sort des Européens fixés en Egypte était devenu intolérable au milieu de tous ces évènements : le consul de France, Magellon, adressa en 1795 des rapports, accompagnés de pétitions collectives, sur la situation en Egypte ; il alla même les soutenir de sa présence et de sa parole en 1796 près du ministre des relations extérieures : ils furent connus de Bonaparte après Campo-Formio

(1797) et l'expédition d'Egypte fut résolue dans le plus grand secret[1]. Cette expédition a été diversement jugée, parce qu'elle a mal fini ; mais ce fut une idée de génie de la part du grand homme qui l'entreprit : elle n'eut qu'un défaut, celle d'être prématurée, et celui qui la conçut ne sut pas la vouloir jusqu'au bout et s'en laissa distraire. Les résultats qui en sortirent devaient être pour l'Egypte le commencement du renouvellement de sa puissance dans le monde, de son importance reconnue et jalousée dans les temps modernes, et surtout du grand mouvement scientifique dont elle a été l'occasion, de l'émulation qu'elle a inspirée

1. Voici les noms des sultans ottomans suzerains de l'Egypte jusqu'à l'expédition française :

Selîm, ibn Bayâzid	929=1517
Soliman, ibn Selîm	926=1520
Selîm, ibn Soliman	974=1566
Mourad, ibn Selîm	982=1574
Mohammed, ibn Mourâd	1003=1594
Ahmed, ibn Mohammed,	1012=1603
Moustafa, ibn Mohammed	1026=1617
Othman, ibn Ahmed	1027=1618
Mourad, ibn Ahmed	1032=1623
Ibrahîm, ibn Ahmed	1049=1640
Mohammed, ibn Ibrahîm	1058=1648
Soliman, ibn Ibrahîm	1099=1687
Ahmed, ibn Ibrahîm	1102=1691
Moustafa, ibn Mohammed	1106=1695
Ahmed, ibn Mohammed	1114=1702
Mahmoud, ibn Moustâfa	1143=1730
Othman, ibn Moustâfa	1168=1754
Moustafa, ibn Ahmed	1171=1757
Abd-el-Hamid, ibn Ahmed	1187=1774
Selîm, ibn Moustâfa	1203=1789

aux diverses nations occidentales et des résultats considérables obtenus dans l'histoire des idées hûmaines. A ce seul titre, l'importance historique de l'expédition française en Egypte est considérable.

VIII

Expédition Française

Le 2 juillet 1798, l'armée française, commandée par le général Bonaparte, arrivait près d'Alexandrie, débarquait à l'Anse du Marabout ou Tour des Arabes, attaquait et prenait la ville d'Alexandrie. Alexandrie n'était plus la ville populeuse des Ptolémées, c'était à peine l'ombre de ce qu'elle avait été autrefois : elle ne comptait que 6000 habitants au lieu de 200 ou 300 mille, ou même plus, qu'elle avait renfermés dans ses murs dans les meilleurs jours du temps passé. L'expédition qui signalait ainsi son arrivée sur la terre antique des Pharaons avait un double but, militaire et scientifique. Au point de vue militaire, elle comprenait, outre son général en chef, des noms qui étaient destinés pour la plupart à l'immortalité de l'histoire : son chef d'état-major était Berthier ; le commandant du génie Caffarelli-Dufalga, celui de l'artillerie, Dammartin ; parmi les généraux de division on remarquait Kléber, Desaix, Reynier, Baraguey-d'Hilliers ; parmi les généraux de brigade, Lannes, Dumas, Murat, Rampon, Davoust, Friant, Belliard, Andréossy, Marmont, et enfin pour chirurgiens elle avait Desgenettes et Larrey. La flotte qui l'avait transportée dans le plus grand secret était commandée par l'amiral Brueys qui devait trouver la mort dans la bataille navale d'Aboukir, les contre-amiraux Villeneuve, Ganteaume, Decrès, etc. Elle avait pris en chemin Malte où elle avait aboli l'ordre des chevaliers, et depuis le 19 mai, date du départ, elle avait été dans l'ignorance la plus absolue de l'endroit où on la conduisait. Elle était forte de 32.000 soldats, plus 10.000 marins, admirablement disciplinés, prêts à s'employer à tout ce qu'on exigerait d'eux. Au point de vue scientifique elle comptait les hommes les plus distingués : Monge, Fourrier, Berthollet, Costaz, Conté, Dolomieu, Geoffroy-Saint-Hilaire, Lepère, Jomard, du Bois-Aymé, Denon, Marcel qui devait diriger l'imprimerie qu'on établirait au Caire.

Le 7 juillet, l'expédition se mit en marche vers Le Caire. Il fallut traverser les terres arides qui environnent Damanhour, ce qui fut très pénible ;

lorsque trois jours plus tard on arriva au Nil, près de Ramanîeh, il était temps, car l'armée n'était pas encore aguerrie ni faite au climat. Une première escarmouche eut lieu à Schebreys contre les mamlouks qui furent vaincus, et le 21 juillet la bataille des Pyramides vint apprendre aux mamlouks ce qu'étaient leurs adversaires. La victoire laissait Le Caire à Bonaparte, et il y était entré le 25 juillet, pendant que Mourâd-bey et Ibrahîm-bey s'enfuyaient l'un vers la Haute-Egypte, l'autre vers la Syrie.

Bonaparte se hâta d'organiser la conquête que lui avait livrée une seule bataille ; il adressa une proclamation au peuple égyptien, lui disant qu'il venait en ami de la Porte pour le soustraire au joug des mamlouks, en quoi il se trompait, s'il croyait ainsi se bien faire venir des Egyptiens ; il fit mieux en ordonnant de respecter les coutumes, la religion du pays ; il établit quelques manufactures, régla la perception des impôts, s'appuya sur la population copte, et quelques jours après son entrée au Caire, la vie publique, un moment suspendue par cette soudaine révolution, reprit comme si rien ne s'était passé. C'est alors qu'il fonda l'Institut égyptien qui devait faire pour le bien de l'Egypte autrement de besogne que les armes et les victoires.

Bonaparte se lança ensuite à la poursuite d'Ibrahîm-bey. Ce fut pendant cette expédition qu'il apprit le désastre tombé sur la flotte française, détruite dans la rade d'Aboukir par les Anglais sous le commandement de Nelson (1er août). Il avait aussi réglé la poursuite de Mourâd-bey dans la Haute-Egypte, et le général Desaix, aidé des généraux Belliard, Friant et Davoust, avec 4.000 hommes accomplit cette admirable campagne dans laquelle il lui fallut, en moins d'un an, conquérir 250 lieues de terrain où il était à chaque instant attaqué par un ennemi insaisissable. Après les batailles de Sedment, de Samnout, de Louqsor et de Benout, Mourâd-bey fut rejeté dans la Nubie et le pays fut soumis jusqu'à Philée où la colonne de Belliard grava l'inscription connue (3 mars), pendant que Desaix (29 mai 1799) occupait Qoseir sur la mer Rouge.

Pendant ce temps, les partisans des beys et des mamlouks avaient organisé une vaste insurrection au Caire, et le commandant de la place, le général Dupuy y trouva la mort, ainsi que 300 français qui furent lâchement assassinés. Il fallut bombarder la ville, notamment les mosquées d'El-Azhar et du sultan Hassan où les insurgés s'étaient réfugiés (21 au 23 octobre 1798). Bonaparte apprit alors que deux armées turques se rassemblaient à

Rhodes et à Damas pour envahir l'Egypte et chasser les Français ; il se décida à prévenir la première.

Le 10 février 1799, il partit pour la Syrie avec 13.000 hommes ; il prend le fort d'El-'Arisch, traverse le désert et fait son entrée dans Gaza. Le 7 mars, il prend Jaffa et fait massacrer les prisonniers qu'il ne pouvait nourrir ; le 29, il met le siège devant Gaza, défendue par le célèbre et cruel pacha Djezzar et par l'anglais Sidney Smith qui commandait la croisière ; il quitte momentanément le siège pour aller porter secours à Kléber qui était environné par l'armée turque et la taille en pièces au mont Thabor (16 avril). De retour devant Saint-Jean-d'Acre, repoussé dans tous ses efforts, il se décide à lever le siège, après 14 assauts, et retourne en Egypte. La peste se déclare en son armée à Jaffa ; il n'arrête point sa marche, revoit l'Egypte, et, le 25 juillet, il rejette à la mer une armée turque débarquée dans la rade d'Aboukir et dans laquelle se trouvait Mohammed 'Aly que la destinée devait appeler à jouer le premier rôle sur la terre des Pharaons.

Cette bataille assura la possession de l'Egypte à l'armée française. Mais, comme de mauvaises nouvelles étaient venues de France, Bonaparte se décida d'abandonner secrètement l'Egypte, emmenant avec lui Lannes, Berthier, Marmont, Duroc, Murat, Andréossy, Bessières, Monge et Berthollet, et laissant le commandement à Kléber. A cette nouvelle, l'indignation fut grande et le découragement s'infiltra dans le corps expéditionnaire ; mais les évènements qui suivirent ne laissèrent pas à l'armée française le temps de se décourager. A la fin de l'année 1799, l'armée d'Égypte était réduite à 15.000 combattants valides, elle était privée de renforts, sans communications avec la mère-patrie, sans défense du côté de la Syrie et menacée par les Anglais et les Turcs. Dans ces circonstances, le général crut bon de traiter de l'évacuation, comme ses instructions l'y autorisaient, il signa la convention d'El-'Arisch avec la Porte et Sidney Smith : d'après cette convention, l'armée française évacuait l'Egypte avec tous les honneurs de la guerre, rendait toutes les places-fortes et était conduite en France sur des vaisseaux anglais. Le cabinet de Londres voulut exiger que l'armée française se rendit à discrétion, et le 20 mars Kléber indigné rompit pour sa part la convention. Une armée turque, sous la conduite du grand-vizir, était alors campée près d'Héliopolis, forte de 80.000 hommes : Kléber avec 10.000 Français la vainquit (24 mars) et la poursuivit jusqu'à Salehîeh. Mais lorsqu'il fut revenu au Caire, où Ibrahîm-bey s'était introduit pendant son absence, il trouva la ville révolutionnée de nouveau ; il livra un combat de dix jours pour la reprendre et fut obligé de la faire bombarder. Enfin Mourâd-bey fit sa soumission et l'Égypte fut reconquise ; mais le 14 juin suivant, comme Kléber se promenait dans un jardin, un syrien fanatique l'assassina et Menou lui succéda par droit d'ancienneté. Les jours de l'expédition étaient désormais comptés.

Cependant l'expédition jouit encore de six mois de paix relative : les difficultés ne commencèrent guère qu'aux premiers jours de l'année 1801. D'abord le général anglais Abercrombie débarque à Aboukir et, le 21 mars, défait Menou sur le terrain même où Bonaparte avait jeté les Turcs à la mer. Les digues ayant été coupées par les Anglais, les eaux de la mer inondèrent le pays environnant, entrèrent dans le lac de Mariout qui était desséché et forcèrent Menou à concentrer son armée dans la ville d'Alexandrie. Pendant ce temps le général Belliard qui était resté au Caire fut investi par les forces autrement considérables de l'armée anglaise et turque ; il fut obligé de capituler, mais il sortit du Caire avec tous les honneurs de la guerre e fut rapatrié, avec sa petite armée, par des vaisseaux anglais (25 juin). Le 2 septembre suivant, Menou, après un siège de plus de cinq mois, manquant de vivres, se rend aux conditions stipulées dans la convention d'El 'Arisch, et à la fin du même mois il ne restait plus un soldat français en Egypte. C'est ainsi que finit l'expédition d'abord si brillante, si funeste à la fin, des Français en Egypte : elle ne laissa guère après elle que le souvenir lumineux des victoires remportées et aussi le sentiment qui commença de naître que l'Egypte pouvait être traitée autrement qu'elle l'avait été par les mamlouks et surtout par les Turcs.

Mais, si la conquête militaire avait passé comme un météore brillant qui s'évanouit bientôt, la conquête scientifique allait commencer. La *Commission* d'Egypte, dans le court laps de temps dont elle avait pu jouir, avait ramassé des matériaux inappréciables. L'Egypte avait été explorée sous toutes les faces par des hommes animés d'un ardent désir de connaître et de faire connaître les particularités qui se rapportaient à l'histoire d'un pays qui avait joué un rôle étonnant dans l'histoire du monde et qui avait initié notre Europe à la civilisation brillante qu'il avait inaugurée. Non seulement les monuments de l'Egypte ancienne avaient été aussi bien explorés qu'ils pouvaient l'être, mais encore l'Egypte moderne avait été étudiée à fond, le commerce et l'industrie avaient eu leurs historiens, la géologie, la botanique, la zoologie avaient été traitées de main de maître ; Bonaparte avait fait étudier un canal qui partant de Suez ouvrait la mer Rouge à la mer Méditerranée et des relevés de plans avaient été faits par l'ingénieur Lepère : en un mot, pas un seul des problèmes qui, depuis cette époque, ont été agités relativement à l'Egypte n'avait échappé aux études des membres de la *Commission d'Egypte*. Plus tard, elle acheva son œuvre en écrivant l'admirable ouvrage connu sous le nom de *Description de l'Egypte*, ouvrage qui, malgré la découverte de Champollion et le progrès des études égyptologiques, est resté la grande mine où tous les égyptologues vont s'approvisionner, le plus souvent en sourdine, il faut bien le dire.

IX

Temps modernes
Mohammed 'Aly et la Dynastie régnante

Après avoir été évacuée par les Français, l'Egypte retomba sous la domination du sultan de Constantinople qui envoya un vice-roi dans ce malheureux pays. Ce ne fut pas l'affaire des mamlouks qui voulaient eux aussi exercer leur ancien pouvoir, et le pays fut de nouveau livré aux dissensions intestines. L'Angleterre favorisant les mamlouks, la France ne pouvait pas rester en arrière de sa rivale et, en 1803, le comte Mathieu de Lesseps, commissaire général de la République Française, fut chargé, par le premier consul Bonaparte et son ministre des affaires étrangères Talleyrand, de trouver un homme qui, par son ambition et ses qualités personnelles, put offrir les garanties nécessaires pour obtenir l'appui de la France, en s'opposant à la domination des mamlouks soutenus par les Anglais. Le choix du commissaire tomba sur Mohammed 'Aly (Méhémet Ali), originaire de Macédoine, qui avait fait partie des armées turques envoyées en Egypte par la Porte et qui y était resté après le départ des Français. Un à un, il conquit tous les grades de l'armée turque et devint chef des Albanais qui étaient au nombre de trois mille. Il fit partie de toutes les insurrections qui renversèrent successivement les vice-rois nommés par la Porte, Khosriou et Khourchid, et il fut élevé au premier rang en face des mamlouks. Enfin, en 1805, devenu très populaire et ayant profité avec beaucoup d'habileté des discordes entre Turcs et Mamlouks, il fut choisi comme pacha du Caire et gouverneur de l'Egypte. Il sut conserver son pouvoir grâce à sa diplomatie habile, et une occasion se présenta bientôt d'affirmer son aptitude aux affaires militaires. Les Anglais, en 1807, débarquèrent en Egypte et se rendirent maîtres d'Alexandrie pendant six mois : Mohammed 'Aly réussit à les expulser et garda son pachalik. Il s'efforça vainement de soumettre les mamlouks : ne pouvant y réussir, il les invita tous à un festin qu'il leur donna le 1er mars dans la citadelle du Caire, et là il les fit tuer par ses Albanais et ses soldats : un seul réussit à sortir, à s'élancer sur son cheval et à le lancer par dessus le mur de la citadelle : il se sauva, et quelques autres avec lui qui n'avaient pas assisté au festin ; mais leur puissance était anéantie pour jamais. Il put alors faire la guerre aux Wahabites, sortes de sectaires musulmans qui voulaient revenir à l'Islamisme pur des commencements de l'hégyre ; il avait d'abord envoyé pour les combattre Toussoun-pacha, puis Ibrahîm-pacha, ses fils, et il alla lui-même la terminer. Cette guerre fut horrible par la férocité et la cruauté qui y furent déployées. Le Hedjaz fut conquis, La Mecque délivrée, et cette conquête affermit l'autorité du gouverneur. Cependant cet homme, qui était arrivé à l'âge de quarante-cinq ans, ne savait pas encore lire, et il se mit à l'apprendre, ce à quoi il réussit assez bien. Il entreprit dès lors une série de travaux très avantageux pour l'Égypte, il répara les digues d'Aboukir (1816), rétablit la digue de Faraonîeh dans le Delta (1818) et fit creuser sous les ordres de l'ingénieur Coste le canal Mahmoudîeh qui conduisit l'eau douce à Alexandrie (1819) : trente mille vies humaines furent le prix de ce canal. Le Pacha entreprit alors la conquête du Soudan, du Darfour et du Sennaar, pour avoir la possession des mines d'or qu'on lui avait vantées : son fils Ismaïl fut tué dans une rencontre avec les nègres révoltés de ses excès. Le voyageur

François Cailliaud avait accompagné l'expédition, par grâce particulière du Pacha, pour lequel il avait retrouvé les fameuses mines d'émeraude de l'antiquité (1822). Entouré d'ingénieurs accourus de tous les pays, le Pacha entreprit de doter l'Egypte de manufactures de toutes sortes, filatures de coton, raffineries de sucre, indigoteries, usines à fabriquer les indiennes, les soies, etc. Il dépensa dans ce but des sommes folles, sans grand profit, car les usines avaient été bâties trop vite, sans se préoccuper des débouchés, et se sont évanouies pour la plupart ; mais cependant quelques-unes sont restées en pleine prospérité jusqu'à nos jours. Le malheur est qu'il détruisit un certain nombre de monuments anciens pour édifier ces monuments d'une civilisation nouvelle.

En 1824, pendant la guerre de l'indépendance hellénique, il envoie son fils Ibrahîm avec un contingent de 18.000 hommes sur le théâtre des opérations, et deux ans plus tard un nouveau renfort de 8.000 hommes. Le 20 octobre 1827, la flotte égypto-turque fut anéantie à Navarin par les flottes combinées de l'Angleterre, de la Russie et de la France. L'année suivante Ibrahîm-Pacha, sous la pression des puissances européennes, est obligé d'évacuer la Morée. Quand l'heure de la rétribution eut sonné, Mohammed 'Aly ne reçut que le pachalik de Candie au lieu de celui de Syrie qu'il convoitait.

Cependant, au milieu de toutes ces guerres, un fait s'était produit qui devait avoir une influence extraordinaire en faveur de l'Egypte : Champollion avait découvert la lecture des hiéroglyphes, et en 1824, il publiait son *précis du système hiéroglyphique*. De 1828-1830, il explorait l'Egypte avec l'italien Rosellini ; puis il rentrait en France où il mourut deux ans après des fatigues de son voyage, à l'âge de quarante-et-un ans, laissant une œuvre considérable que l'on a publiée en partie et dans laquelle il avait déjà prévu les découvertes modernes.

Le Pacha, de plus en plus féru des idées modernes, fondait des arsenaux, des écoles de toute sorte, et presque toujours avec le concours de Français qui rendaient l'influence française prépondérante. Le colonel de Selves (Soliman-pacha) lui faisait une armée, Besson-bey commandait sa flotte, M. de Cerisy lui fondait des arsenaux, Mougel-bey lui creusait des bassins de radoub dans le port d'Alexandrie, Clot-bey créait l'école de médecine et l'hôpital militaire, Varin-bey une école de cavalerie à Gizeh, Linant-bey était une sorte de ministre des travaux publics, Hamont fondait l'école vétérinaire de Schoubrah, et le colonel espagnol Seguera l'école d'artillerie de Tourah. Mohammed 'Aly se formait ainsi une armée, et en 1831 il entreprenait la campagne de Syrie, où son fils Ibrahîm prenait Saint-Jean-d'Acre, Damas, remportait la victoire de Homs à laquelle prenait part dans l'armée turque celui qui devait être plus tard le comte de Moltke, puis mettait en complète déroute le grand-vizir Reschîd-Pacha à Konieh, l'ancienne Iconium, et menaçait enfin Constantinople par terre et par mer. La France et la Russie offraient alors leur médiation et Mohammed 'Aly fut obligé de faire évacuer l'Anatolie et de rappeler ses troupes. Le traité de Koutaîeh mit fin à la guerre de ce gouverneur contre son suzerain : Mohammed 'Aly gardait la Syrie et le district d'Adana parce que ce district était riche en bois de construction pour la marine, se reconnaissait le vassal de la Porte et s'obligeait à payer chaque année un tribut (14 mai 1833). Ce fut pendant les évènements de cette guerre (1832-1834) que l'ingénieur Lebas fit transporter à Paris l'obélisque de la place de la Concorde qu'il avait pris devant le pylone du temple de Louqsor et qui avait été élevé par Ramsès II ; le 25 octobre 1836 cet obélisque fut érigé en grande pompe et décore toujours la place.

Ce fut aussi en 1833 que les Saint-Simoniens

firent leur voyage en Égypte. Leur chef, Enfantin, y envoya et y mena lui-même toute une pléiade d'artistes, d'ingénieurs, de professeurs, de médecins, d'agronomes qu'attiraient la renommée de Mohammed 'Aly et son désir de civiliser l'Egypte. C'est alors que Félicien David écrivit son *Désert*, que fut créée l'école polytechnique de Boulaq par Ch. Lambert, que Bruneau devint directeur de l'école d'artillerie à Tourah, que Bosco crée la ferme modèle de Schoubrah et meurt de la peste en 1835, et que l'ingénieur des mines Henri Fournel tente de décider le vice-roi au percement de l'isthme de Suez ; mais Mohammed 'Aly, inquiété par les menaces de l'Angleterre, refusa la concession et entreprit au contraire le *barrage du Nil* afin de retenir l'eau nécessaire aux irrigations.

En 1834, de mai à juillet, la Syrie pressurée par Mohammed 'Aly se révolte et une nouvelle campagne la soumet. Puis, en 1835, la peste éclate en Egypte, faisant plus de 2.000 victimes par jour dans tout le pays ; Le Caire perd en six mois plus de 35.000 habitants, Alexandrie le tiers de sa population, 14.000 âmes, et l'Egypte plus de 150.000 habitants : le fléau cède enfin par suite du dévouement admirable de Clot-bey, de Fourcade, de Lachèze et du consul de France au Caire, Ferdinand de Lesseps qu'on voit ainsi apparaître pour la première fois et qui doit jouer un rôle prépondérant dans l'avenir de l'Egypte. Au milieu de la désolation universelle, le vice-roi faisait continuer les travaux du barrage, qui durent cependant forcément se ralentir ; puis, il se dit qu'il trouverait une carrière de pierres toutes prêtes à être employées dans les grandes pyramides de Gîzeh et Linant-bey eut toutes les peines du monde à lui faire comprendre que la démolition des pyramides coûterait plus que la construction de son barrage. Passant alors à une autre extrémité, il prohiba l'exportation des antiquités et décréta la fondation d'un musée national ; mais l'heure n'était pas encore arrivée où ce projet pourrait être exécuté.

En 1838, une nouvelle rupture éclata entre la Porte et le vice-roi d'Egypte qui demandait que sa charge fût rendue héréditaire dans sa famille, offrant en retour de désarmer sa flotte et de réduire son armée, deux choses qui lui avaient été demandées par le sultan à l'instigation de l'Angleterre jalouse des succès du vice-roi d'Egypte et inquiète du développement de sa puissance et surtout de la prépondérance de l'influence française. Le sultan Mahmoud refusa et commença les hostilités : il fut vaincu à Nézib par Ibrahîm-Pacha, le 24 juin 1839 et mourut le lendemain sans savoir la défaite de son armée. L'Angleterre fit alors débarquer ses troupes et Ibrahîm fut forcé d'évacuer la Syrie. Pendant ce temps la France ne bouge pas et est jouée de la manière la plus outrageante par l'Angleterre ; mais le roi Louis-Philippe et son ministère ne voulaient pas de la guerre. Le sultan 'Abd El-Megid consentit enfin à assurer l'hérédité à Mohammed 'Aly pour sa famille en tout ce qui regardait l'Egypte, mais il lui retira Candie, la Syrie et le Hedjaz (1841). En cette année fut fait, sous la conduite de Lepsius, le voyage de la grande commission prussienne : cette commission a rendu les plus grands services à la science en publiant les *Denkmæler*, immense ouvrage de douze grands volumes in-folio, mais elle eut le grand tort de détruire ou d'emporter à Berlin certains monuments qu'elle avait copiés.

Le vice-roi conçut un vif dépit de la manière dont s'étaient terminées les dernières affaires avec la Porte et sa grande intelligence commença de donner quelques signes d'affaiblissement. Il eut même un moment le projet d'abdiquer ; mais il se ressaisit bientôt lui-même (1844). Deux ans plus tard (1846), Enfantin forme une société d'études du canal de Suez ; M. Bourdaloue est chargé d'exécuter les nivellements et démontre avec précision que la mer Méditerranée et la mer Rouge sont au même niveau, contrairement à l'opinion reçue depuis les nivellements exécutés par l'ingénieur Lepère de la *Commission d'Egypte* (1848). En 1847, l'ingénieur Mougel-bey reconstruit le barrage entrepris par le vice-roi ; ce gigantesque travail qui existe toujours et dont on se sert encore actuellement pour l'irrigation ne fut jamais terminé et coûta plus de 100.000.000 de francs : le vice-roi, de plus en plus affaibli, céda enfin aux conseils intéressés des ingénieurs anglais qui dépréciaient l'œuvre de Mougel, et le barrage ne reçut jamais les vannes qui eussent été capables de retenir tout le volume d'eau nécessaire à l'irrigation.

L'année 1848 vit l'aliénation mentale de Mohammed 'Aly, et Ibrahîm-Pacha succéda à son père (1er septembre) ; mais ce prince ne régna que deux mois et quelques jours : il mourut le 10 novembre de la même année. Le 25, 'Abbas-Pacha fut proclamé vice-roi : il était petit-fils de Mohammed 'Aly par Toussoun-Pacha. Son règne devait être néfaste pour l'Égypte. Le peuple fut, sous ce prince, presque aussi misérable que dans les jours sombres de la domination des Mamlouks ou des Turcs : 'Abbas cédait aux mauvais conseils de gens qui avaient intérêt à perdre la puissance de la dynastie égyptienne. Ce fut sous lui (1850-1853) que furent concédées les deux lignes de chemin de fer allant d'Alexandrie au Caire et du Caire à

Suez ; ils furent inaugurés en 1856 sous Saïd-Pacha et terminés deux ans plus tard. Ce fut également sous ce prince qu'eut lieu un évènement d'importance capitale pour l'Egypte et pour la science : Mariette reçoit une mission archéologique en Égypte en vue de rechercher les manuscrits coptes ; mais il oublie le but qu'il devait se proposer et découvre le site du Sérapéum, le 1ᵉʳ novembre, entreprend des fouilles et fait sortir peu à peu des sables et du silence le temple extraordinaire qu'admirent aujourd'hui tous les voyageurs. En 1853, il commence de nouvelles fouilles près du grand Sphinx de Gizeh, aux frais du duc de Luynes, découvre le petit temple entre les pattes du Sphinx et surtout le temple de granit rose qui doit être le monument le plus ancien de l'Egypte. Les évènements dont l'Europe était alors le théâtre (guerre de Crimée en 1854) interrompirent ses fouilles au moment où elles allaient atteindre leur terme ; cette même année, 14 juillet, 'Abbas était étranglé dans son palais de Benhâ (Basse-Egypte) par ses gardes, et Mohammed-Saïd-Pacha, quatrième fils de Mohammed 'Aly lui succédait. Ce prince était éclairé et avait quelque chose de l'intelligence de son père : il a beaucoup fait pour l'Egypte, et, deux ans après son avènement, il avait aboli les douanes intérieures, donné aux fellahs la liberté du commerce au lieu du monopole gouvernemental qui existait auparavant, aboli l'esclavage, dégrevé les villages des impôts arriérés, et même éteint les anciennes dettes de l'Egypte. Il sépara les dépenses générales de l'Etat de celles du souverain, se créa une liste civile et donna au gouvernement égyptien l'apparence d'un gouvernement européen. Heureux s'il eût été aussi facile de changer les habitudes invétérées des Egyptiens que l'apparence des choses! mais trop souvent, sous cette étiquette nouvelle, les abus continuèrent tout comme auparavant, et le fellah dut payer le triple de ce que lui demandait le souverain, pour faire la fortune des nombreux intermédiaires entre le Pacha et ses sujets. A peine arrivé au trône, Saïd-Pacha appela M. Ferdinand de Lesseps à son camp de Marîout, lui concéda un firman provisoire de concession du percement de l'isthme de Suez, le déclara le promoteur de l'entreprise et nomma une commission internationale d'études qui rejeta le projet de jonction des deux mers par le Nil, ainsi que le proposait la société d'études des Saint-Simoniens, et adopta la jonction directe, malgré tous les embarras suscités par le gouvernement anglais. Le 5 janvier 1856, il donnait le firman de concession définitive, et, le 20 juillet de la même année, il règle par un décret l'emploi des fellahs qui seront appelés à travailler au canal. En 1857 il fait un voyage au Soudan avec M. F. de Lesseps et adoucit considérablement le régime brutal en vigueur depuis Mohammed 'Aly ; la même année il dote la ville d'Alexandrie d'une organisation complète du service des eaux. En 1858, il appelle Mariette au service de l'Egypte, interdit l'exportation des antiquités, décrète la fondation d'un Musée qui devait être installé provisoirement à Boulaq, et le nomme directeur général des fouilles en Egypte. C'est depuis cette époque jusqu'en 1881 que Mariette a fait les admirables découvertes qui ont illustré son nom, sans faire oublier le Sérapéum, enleva les derniers restes des antiques monuments de l'Egypte aux ravages des fellahs et les conserva dans le sens vrai de ce mot, permettant ainsi aux multitudes de voyageurs qui furent dès lors attirés en Egypte de se rendre compte par eux-mêmes de l'ancienne civilisation égyptienne. Cette même année 1858, Ahmed-Pacha, fils aîné d'Ibrahîm-Pacha, le vainqueur des Turcs, périt dans un accident de chemin de fer survenu à Kafr-ez-Zaïât. En 1859, on commença le travail effectif du percement de l'isthme de Suez, malgré les attaques et les mauvais procédés de l'Angleterre ; trois ans après les eaux de la Méditerranée entraient dans le lac Timsah, et le 15 août 1865 les bateaux marchands pouvaient traverser l'isthme. Mais Saïd-Pacha ne vit pas ce triomphe : il mourut le 18 janvier 1863, laissant son trône à Ismaïl-Pacha, le petit-fils de Mohammed 'Aly par Ibrahîm-Pacha.

A peine le nouveau Seigneur de l'Egypte était-il installé que le Sultan 'Abd-el-'Azîz voulut visiter la vallée du Nil : il fut reçu avec une magnificence ruineuse. Au mois d'octobre, le vice-roi inaugura solennellement le musée de Boulaq que Mariette avait créé. Quoique bien disposé pour toutes les entreprises de ses prédécesseurs, il retira cependant la permission d'user des fellahs pour le canal de Suez et l'on dut créer des machines puissantes qui firent avancer l'œuvre. Le gouvernement français servit d'arbitre dans ce différent passager. Aux mois de juin et de juillet 1865, le choléra paraît en Egypte, pendant qu'une épizootie décime les animaux. En 1866, le vice-roi obtient l'hérédité pour ses fils avec suppression de l'ordre de primogéniture pour les collatéraux et en 1869 lui fut concédé le titre de Khédive, mot qui en persan signifie Auguste et se dit principalement de la divinité. Cette même année vit les fêtes splendides et ruineuses de l'inauguration du canal de Suez ; il appela non seulement à ces fêtes les souverains qui n'acceptèrent point, à l'exception de l'impératrice des Français, mais encore toutes les notabilités scientifiques et artistiques de l'Europe et leur fit faire ce voyage de la Haute-Egypte qui est resté célèbre. A partir de ce moment il entreprit de grands travaux d'utilité publique, transforma Le Caire, en fit le lieu de rendez-vous de tout ce qu'il y avait de riche dans le monde. Ce soin ne lui fit point négliger les expéditions guerrières. De 1871 à 1873, Samuel Baker fit son expédition dans le Soudan ; les sources du Nil sont découvertes, onze vapeurs forment une croisière sur le Nil-Blanc. En 1874 Gordon-Pacha continue l'œuvre de sir Samuel Baker, il soumet le Darfour et crée la ville de Khartoum au confluent des deux Nils. En 1875, le Khédive inaugure solennellement le tribunal international d'Alexandrie (28 juin), dont la création proposée par la France avait été adoptée par Ismaïl. Le 8 juillet, il ordonnait l'introduction du calendrier grégorien à partir du 1er septembre ; mais ce décret resta nul par la force des habitudes. Au mois d'octobre, ayant voulu attaquer l'Abyssinie, ses troupes furent repoussées. Le 25 novembre le gouvernement anglais, après avoir tout fait pour empêcher le percement du canal de Suez, voulant se l'approprier, achète les actions du gouvernement égyptien pour une somme de près de 100 millions, s'engageant à payer l'intérêt de 5 %, jusqu'au moment où ces actions auraient la jouissance de leurs coupons. Ces actions qui valaient alors 502 fr. 91 valent aujourd'hui 2.700 fr. L'Egypte fut la dupe de l'Angleterre qui pouvait prévoir le succès du canal.

Cependant, malgré cette somme, l'Egypte était tellement obérée qu'il fallut recourir aux emprunts, engager les ressources du pays et par conséquent subir le contrôle étranger. On créa une caisse de la dette publique. Les décrets se succédèrent les uns aux autres : l'administration de la Dahîrah, des Domaines, furent séparées de la Dette publique, on établit une administration spéciale des chemins de fer et de la douane d'Alexandrie, et l'on nomma deux contrôleurs généraux, l'un anglais, l'autre français (1876). Toute cette organisation donna lieu à des dissensions intestines et surtout à la rivalité des deux fonctionnaires, ce qui fut une cause de ruine pour l'influence française. L'année suivante fut achevé le chemin de fer du Caire à Siout, capitale de la Haute-Egypte. Le télégraphe suivit nécessairement et relia même Le Caire et Khartoum. Mais tous ces beaux dehors ne remédiaient pas à une situation sans issue : Ismaïl était un prince généreux, magnifique, mais surtout prodigue ; il était de plus entouré d'une foule de parasites de toutes les nations qui vivaient à ses dépens : pour tout cela, il fallait de l'argent beaucoup d'argent et les caisses du Khédive étaient à sec. Il fallut abdiquer ; c'est ce qu'il fit le 26 juin de l'année 1879, et son fils aîné Tewfik-Pacha lui succéda.

Avec le règne de Tewfik-Pacha nous entrons dans l'histoire tout à fait contemporaine avec ses désastres pour l'Egypte. Je n'en signalerai que les plus gros évènements.

A peine assis sur le trône, Tewfik-Pacha, fils d'une femme de second ordre, s'entoura d'un cabinet qui devait lui causer pas mal de tourments. Arabi-Pacha se présenta comme un sauveur aux Egyptiens crédules, avec le mot d'ordre : L'Egypte aux Egyptiens, à la porte les étrangers. Soudoyé en secret par l'Angleterre, entouré de gens qui ne demandaient que le désordre, il voulut faire une révolution et eut l'art de faire croire aux envoyés du gouvernement Français qu'il possédait une véritable armée. Il se révolta ouvertement contre le Khédive ; la haine contre les étrangers éclata par les massacres d'Alexandrie, de Tantah, etc., si bien que l'intervention étrangère devînt nécessaire. L'Angleterre avait amené la France au point où elle la voulait : il fallait prendre une décision et intervenir. La Chambre des Députés, sous la pression d'un discours de M. Clémenceau, M. de Freycinet étant chef du gouvernement, abandonna l'Egypte comme si nous n'eussions point eu dans ce pays une situation prépondérante que les Anglais voulaient nous enlever : la flotte française se retira de devant Alexandrie et les Anglais bombardèrent cette ville. Ils ne lui firent pas grand dommage, mais l'incendie, le pillage et les massacres des Arabes et des gens sans aveu excités par leur fanatisme ruinèrent, pour plus de dix années, la ville que le choléra avait déjà bien affaiblie. Sous le commandement de lord Wolesley, les Anglais débarquèrent leur armée et bientôt on apprit qu'avait été livrée la fausse bataille de Tell-el-Kébir, où toute l'armée égyptienne s'était évanouie, sauf un bataillon de nègres. L'armée anglaise n'eut aucune peine à conquérir Le Caire. Elle s'empara des quatre pachas auteurs de la révolte, fit semblant de les juger et les condamna à être transportés à Ceylan, sous le plus beau climat du monde, avec de riches pensions. Les dames anglaises envoyèrent des bouquets à l'heureux auteur de la révolte, et l'administration anglaise s'implanta en Egypte, chassant tous ceux qui, appartenant à quelque autre nationalité, exerçaient quelque emploi, supprimant un grand nombre d'offices sous prétexte d'économie, et donnant à chaque agent anglais la somme totale des appointements qu'avaient ceux dont il occupait la place.

Depuis lors, bien souvent, on a promis que l'occupation de l'Egypte cesserait ; mais ce serait se faire une grave illusion que de croire qu'ayant mis la main sur un pays riche et important l'Angleterre arriverait à l'abandonner.

Mais la révolution opérée en Egypte avait eu un contre-coup inattendu : le Soudan s'était révolté, avait détruit les unes après les autres les armées envoyées pour le réduire, notamment l'armée commandée par Hicks-Pacha. Le gouvernement anglais, de concert avec le ministère égyptien, fit choix de Gordon-Pacha pour aller rétablir l'ordre dans le Soudan. Gordon se rendit à Khartoum, y rétablit un semblant d'ordre, et se vit bientôt assiégé, sans qu'on s'occupât de lui. Lorsqu'enfin on se décida à venir à son secours, l'armée anglaise eut à vaincre des ennemis fanatisés qui lui livrèrent des combats furieux, notamment à Abou-Klea et à Abou-Hamed ; puis, quand elle arriva dans les environs de Khartoum, ce fut pour apprendre que trois jours auparavant Khartoum avait été prise, Gordon et ses officiers massacrés : l'armée anglaise battit en retraite (janvier 1885). Depuis lors on se contenta d'abord de garder la frontière de l'Egypte à Asouan, puis de la reporter jusqu'à la hauteur de Ouady-Halfa. Pendant que ces évènements se déroulaient, sur l'invitation de l'Angleterre, l'Italie avait débarqué ses troupes à Massaouah, sur la mer Rouge, pour tenter une diversion du côté de Saouakim : elle courait audevant de désastres qu'elle n'a pas encore oubliés, et la colonie de la mer Erythrée, ainsi qu'elle l'a nommée, est loin de lui avoir été profitable.

La France s'était condamnée à voir tous ces évènements s'accomplir sans faire autre chose que des protestations diplomatiques, c'est-à-dire platoniques. Elle se contentait de maintenir son attitude expectante en unissant ses intérêts à ceux de la Russie pour s'opposer aux empiètements des Anglais. Elle a cependant fondé en 1880 une mission archéologique permanente pour l'étude des antiquités égyptiennes, qui s'est déjà signalée dans le monde savant par des travaux importants.

La mort du Khédive Tewfik, survenue en 1892, appela au pouvoir 'Abbas, son fils aîné, qui faisait alors ses études à Vienne. L'intronisation se fit sans difficulté, quoique le prince passât pour assez peu favorable à l'Angleterre. Le renvoi d'un ministre gênant imposé ou soutenu par le résident anglais amena tout récemment une tension de rapports qui se traduisit par l'envoi de troupes nouvelles en Egypte : c'est ainsi que l'Angleterre se prépare à retirer les troupes qui occupent la vallée du Nil.

L'avenir montrera ce que deviendra l'Egypte. Ce que le passé nous montre avec évidence, c'est que la forme européenne de gouvernement n'est pas un spécifique qu'on puisse employer partout avec succès : l'européanisation de l'Egypte a été trop rapide, elle n'existe qu'à la surface et n'a pas eu le temps de pénétrer dans le sang de la population. Malgré tout, malgré les massacres de 1882, l'Egypte a fait de grands progrès et présente à l'étranger toute la sécurité désirable, une facilité de vie très grande et des monuments extraordinaires qu'on ne peut se rassasier d'admirer. La douceur et la beauté de son climat sont enchanteresses, et qui veut avoir une idée des splendeurs de l'Orient, sans remarquer trop ses verrues, peut aller en toute confiance visiter l'Egypte et son fleuve si vanté, lequel cependant ne l'a jamais été assez pour les services qu'il rend à la vallée qu'arrosent ses eaux bienfaisantes.

FIN

TABLE DES MATIÈRES

	Pages
Introduction	1

Mœurs et Coutumes des Égyptiens

I. — Races de l'Egypte, Langues	3
II. — Religions et cultes en Egypte	35
III. — Arts, sciences et littérature	69
IV. — Industrie	89
V. — Gouvernement et Administration	99

Résumé chronologique de l'histoire de l'Egypte

I. — Ancien Empire	113
II. — Moyen Empire	123
III. — Nouvel Empire thébain	133
IV. — La domination des grecs en Egypte	161
V. — L'Egypte sous la période romaine jusqu'au partage de l'Empire Romain en Empire d'Orient et en Empire d'Occident	187
VI. — Période Byzantine	223
VII. — Domination arabe et turque	247
VIII. — Expédition française	293
IX. — Temps modernes	303

Baugé (Maine-et-Loire), imp. Daloux

ERNEST LEROUX, ÉDITEUR
28, rue Bonaparte, 28

ANNALES DU MUSÉE GUIMET

BIBLIOTHÈQUE D'ÉTUDES
Série in-8º

I. — **Le Rig-Véda** et les origines de la mythologie indo-européenne, par Paul REGNAUD. Première partie. Un vol. in-8.. 12 fr. »

II. — Le même ouvrage. Seconde partie (*Sous presse*). Un vol. in-8.. 12 fr. »

III. — **Les lois de Manou**, traduites par STREHLY. Un vol. in-8.. 12 fr. »

IV. — **Recherches sur le bouddhisme**, par MINAYEFF, traduit du russe par M. ASSIER DE POMPIGNAN, avec une Introduction par M. Em. SENART, membre de l'Institut. In-8. 10 fr. »

V. — **Si-do**. Traité des signes mystiques du Bouddhisme ésotérique japonais, par L. DE MILLOUÉ. In-8, avec planches et dessins dans le texte (*Sous presse*).

VI. — **Les Parsis**, avec Introduction de J. MENANT, de l'Institut. In-8, illustré, (*Sous presse*).

BIBLIOTHÈQUE DE VULGARISATION
Série de volumes in-18 à 3 fr. 50

I. — **Les Moines égyptiens**, par E. AMÉLINEAU.

II. — **Précis de l'histoire des religions**. — Première partie : Religions de l'Inde, par L. DE MILLOUÉ. Illustré de 21 planches.

III. — **Les Hétéens**. Histoire d'un empire oublié, par H. SAYCE, traduit de l'anglais par J. MENANT, membre de l'Institut. Illustré de 4 planches et de 15 dessins.

IV. — **Les symboles, les emblèmes et les accessoires du culte** chez les Annamites, par G. DUMOUTIER. Illustré de 53 dessins.

V. — **Les Yézidiz**. — Les adorateurs du Diable, par J. MENANT, membre de l'Institut.

VI. — **Le Culte des Morts** dans l'Annam et dans l'Extrême-Orient, par le lieutenant-colonel BOUINAIS et PAULUS.

VII. — **Résumé de l'Histoire de l'Egypte**, depuis les temps les plus reculés jusqu'à nos jours, précédé d'une étude sur les mœurs, les idées, les sciences, les arts et l'administration dans l'ancienne Egypte, par E. AMÉLINEAU.

Baugé (Maine-et-Loire). — Imprimerie Daloux.

www.ingramcontent.com/pod-product-compliance
Lightning Source LLC
Chambersburg PA
CBHW060632170426
43199CB00012B/1529